本研究得到天津市"131"创新型人才培养工程、天津市高校"中青年骨干创新人才培养计划"等项目支持。

Democracy with the Rule of Law
Comprehensive Structure and Logic
Between Democracy and the Rule of Law

法治民主

民主与法治的复合结构及其内在逻辑

佟德志 / 著

北京大学出版社
PEKING UNIVERSITY PRESS

图书在版编目(CIP)数据

法治民主——民主与法治的复合结构及其内在逻辑/佟德志著.—北京:北京大学出版社,2016.8
ISBN 978-7-301-26489-8

Ⅰ.①法… Ⅱ.①佟… Ⅲ.①社会主义法制—建设—研究—中国 Ⅳ.①D920.0

中国版本图书馆 CIP 数据核字(2015)第 262283 号

书　　名	法治民主——民主与法治的复合结构及其内在逻辑 Fazhi Minzhu——Minzhu yu Fazhi de Fuhe Jiegou jiqi Neizai Luoji
著作责任者	佟德志　著
责 任 编 辑	胡利国
标 准 书 号	ISBN 978-7-301-26489-8
出 版 发 行	北京大学出版社
地　　　址	北京市海淀区成府路 205 号　100871
网　　　址	http://www.pup.cn　新浪微博:@北京大学出版社
电 子 信 箱	ss@pup.pku.edu.cn
电　　　话	邮购部 62752015　发行部 62750672　编辑部 62753121
印 　刷 　者	三河市博文印刷有限公司
经 　销 　者	新华书店
	650 毫米×980 毫米　16 开本　16.75 印张　163 千字 2016 年 8 月第 1 版　2016 年 8 月第 1 次印刷
定　　　价	39.00 元

未经许可,不得以任何方式复制或抄袭本书之部分或全部内容。
版权所有,侵权必究
举报电话:010-62752024　电子信箱:fd@pup.pku.edu.cn
图书如有印装质量问题,请与出版部联系,电话:010-62756370

法治是个好东西
（代序）

  法治是个好东西，是因为它能全面推进社会繁荣。法治是个好东西，首先是因为它与市场经济是一致的，从规则的角度来讲，市场经济在本质上是法治经济。法治不仅会界定产权、统一市场，还会推动平等交换、公平竞争，使市场有秩序地"在资源配置中起决定性作用"。法治是个好东西，更是因为它是民主政治的保障，民主政治需要通过法治的方式加以制度化、规范化和程序化。民主是一种权利，也是一种权力，因此它也需要约束和规范，才能健康运行。法治可以实现有序的民主参与，同时也会保障民主的多数不会犯错误，或者是最大限度地防范这种错误的发生，是民主政治的定心丸。不仅如此，法治还有利于激发文化的创造力，推进社会治理，甚至打造一个美丽的国家。法治不仅可以解决争端，更是人类秩序的源泉。一个国家，一个社会，其活力在于"让一切创造社会财富的源泉充分涌流"，百川汇海；那一刻，法治是繁荣的催化剂。然而，一切攫取社会财富的贪欲也会充分涌流，诛求无度；那一刻，法治就是繁荣的守护神。在活力与安宁、欲望与节制之间，法治代表了秩序，是"金质的纽带"，一个国家繁荣的底线。

法治是个好东西，是因为法治可以规范权力的运行，让它不能为所欲为。法治是个好东西，其中的要义就是"任何组织或者个人都必须在宪法和法律范围内活动"，任何国家机关都要以宪法和法律为行为准则，行使权力、履行义务或职责。不受限制的权力容易被滥用；被滥用的权力是法治的天敌。在人类历史上各种形态的社会制度当中，法治常常会取得辉煌的胜利：它制服过桀骜不驯的君主，也战胜过无孔不入的资本；甚至在民主时代，法治让那些雄才伟略的政治家、富民强国的政党也甘拜下风。初看起来，似乎是法治打败了对手，但是，那些在法治面前俯首称臣的对手才是真正的赢家，并将是永远的赢家。他们看起来服从法律，是法治的仆人，但实际上他们是自己的主人。因为在民主制度中，是"服从法律的人在制定法律"；服从法律的人，不是在服从法律，而是在服从自己。

法治是个好东西，是因为法治可以保障权利的行使，让人能够有所作为。法治是人类众多制度中的一种，其主要目的就是为了人民、依靠人民、造福人民、保护人民，以保障人民的根本权益为出发点和落脚点。同时，任何公民、社会组织也应该根据宪法和法律来行使权利、履行义务。法治是个好东西，不是说法治强制人们做他们不愿意做的事情，限制人们的自由，而是要保护和扩大公民的自由。法治的价值在于保障公民的权利，让人民自由，它本身就是人类的基本价值。从这个意义上，法是"被制定为法的权利"；权利是被法律确认和保障的自由；自由是"做法律所许可的一切事情的权利"。法治不仅事关国家的长治久安，更事关人民的幸福安康。即使有最好的衣食住行，如果没有法治，每天上演的必然是"一切人反对一切人"的战争，人们仍将生活在恐惧之中。

法治是个好东西，不是说法治什么都好。法治决不是十全十美的，它有许多内在的不足和局限性，不是万灵药，更不可能解决人类的所有问题。立法的过程会有很多考虑不周的情况，会有不科学的地方，甚至是漏洞，从而可能引发各种不公正；执法过程不仅会受到私利的诱惑，更会受到公权的侵蚀，从而诱发腐败；法治的推行还可能会使一些在非法治条件下很简单的事务变得相对烦琐，需要繁杂反复的检查、取证，从而增大管理的成本；法治还会使得一些本来可以很快、也很容易得到解决的问题长期悬而不决，甚至反反复复，从而降低管理的效率；在具体的司法实践当中，法官甚至会出错，产生冤假错案，从而影响司法公信力。从国家治理的角度来看，法治可能会落后于时代的要求，导致社会变得保守，甚至会阻碍改革的顺利进行；法治也可能会与公民的要求相冲突，使他们的要求无法得到及时反应，甚至是得不到满足，如此等等。有的时候，法治甚至要付出痛苦的代价。但是，在人类迄今运用过的所有制度中，法治是弊端最少的一种。也就是说，相对而言，法治是人类迄今最好的国家治理方式。

法治是个好东西，不是对个别人而言的，也不是对一些官员而言的；它是对整个国家和民族而言的，是对广大公民而言的。坦率地说，对于那些想贪污腐败、个人专断的官员而言，法治不但不是一个好东西，还是一个麻烦东西，甚至是一个坏东西。试想，在法治条件下，官员的权力受到法治的限制，不能为所欲为；官员的行为受到人民的监督，甚至是法院的审判。单这两点，很多人就不会喜欢。因此，法治不会很容易地得到遵守，它需要人民和代表人民利益的党政领导去推动和实践。事实上，个别人，尤其是官员，要看到法治对你们也是个好东西，它会在你们想滥用权力、贪污腐败，甚至是走上不归路的时候，给一条让你们能悬崖勒马的缰绳；也会在你们犹豫不决，进退两难的时候，给一本让你们举重若轻的行为指南，甚至是一座安身立命的靠山。

有人说，是人制定了法律，所以法治从最根本的意义上讲还是人治，这种理解是错的。因为人治是统治者根据任性的意志来进行统治，不仅不能让人们对自己的行为有合理的期许，甚至可能会让人们进退失据，"无所措手足"；而法治则是依据法律治理国家，人们知道其行为的后果，并根据法律来安排自己的生活。还有人说，是党把自己的主张上升为法律，所以到头来还是党大，甚至是党大于法，这种理解也是错误的。党领导人民制定和修改法律，这个时候，人民会发出声音，党会形成主张，把人民的意志上升为国家法律；这个时候，党和人民是高于法律的。但是，人民的声音、党的主张，都需要通过法定程序成为国家意志，需要接受各种检查、建议，甚至是批评；更重要的是，当法律被制定出来以后，无论是人民，还是党，抑或是什么特殊的官员、组织、机构，都必须服从法律。这个时候，法律是高于一切的，任何人、任何政党和组织，都必须在宪法和法律规定的范围内活动。

要想使法治成为好东西，需要考虑相应的经济、文化、政治以及社会条件，不顾条件推行法治，会给国家和人民带来灾难性的结果。法治是历史潮流，不断走向法治是人类文明的必然趋势。但是，推行法治的时机和速度，法治的具体制度和安排，则是有条件的。运转良好的法治不仅与社会的政治体制、经济体制、文化体制和社会体制相联系，还与这个国家的发展水平、历史传统、风俗习惯、公民素质，甚至是地理位置、国际环境等各种要素密切相关。法治正是与这些要素协调的结果：一方面，法治是这些要素作用的结果；另一方面，法治还会影响到这些要素。

要想使法治成为好东西，前提是良法，只有将民主制度化、法律化，只有把人民的意志上升为法律，才会有良好的法律体系。"法律是治国之重器，良法是善治的前提"。法治的基本手段是建立起良善的法律体系，能得到人民的自觉服从。法治既然是民主的结果，就应当尊重人民的自愿选择。反过来，如果法治是通过民主的方式制定出来的，那人民就应该遵守。因此，要想使法治成为好东西，就必须坚持民主立法，这需要政治家和民众的智慧；同时还要坚持科学立法的原则，这又需要法学家、政治学家，甚至是科学家的智慧和知识。推进法治，既需要顶层设计，也需要实践检验。当然，除了完备的立法外，高效的执法、严密的监督、有力的保障，都是让法治成为好东西不可或缺的要素。从这个意义上说，法治是一门国家治理的艺术。

要想使法治成为好东西，还需要良好的公民文化。法治需要暴力来维护正常的秩序，需要建立法律体系、法治政府、司法体制，但是，法治更需要在全社会树立法治观念。一个社会,要想法治得到良好的运转,需要形成健康的公民文化,更需要核心价值观的引导。"徒善不足以为政,徒法不足以自行",只有法律和道德共同发挥作用,才能全面地推进法治建设。人民的权益要靠法治保障,法治的权威也要靠人民来维护,只有全社会树立法治意识,使法律成为人们的真诚信仰,法治才会健康地运转。法律的规定,有其内在的不足和外在的边界,然而,在法治的边界,站着正直、诚实、良心和道德,具备了这些美德的公民不仅有着法治信仰和法治精神,甚至能有效地弥补法治的不足。个别人,尤其是那些喜欢钻法律空子的人,可能在法庭上赢得胜利,但如果这个胜利有违正直和诚实,受到良心和道德的谴责,那么,越是接近"胜利",就离成功越远。

我们正在建设中国特色社会主义法治体系,建设社会主义法治国家,对于我们来说,法治更是一个好东西,也更加不可或缺。马克思主义经典作家说过,没有民主,就没有社会主义。今天,我们可以从中国化的马克思主义理论中得出明确的结论:没有法治,就没有社会主义。我们正在建设的,是中国特色社会主义法治,是共产党领导下的依法治国,能够充分体现人民的主体地位,这三者需要有机地统一起来。同时,马克思主义法学理论、中华法律文化精华、国外法治有益经验,也需要有机地统一起来。只有这样,中国才会建设成社会主义法治国家,人民才能真正安居乐业,国家才能更加繁荣富强。

目 录

源 流 编

第一章 西方民主的失败与治理之道 / 003
 一、民主失败及其病理分析 / 004
 二、法治规制：民主失败的治理之道 / 014

第二章 民主与法治的互动 / 023
 一、对立：现代西方政治文明的形成 / 024
 二、互动：现代西方政治文明的发展 / 035
 三、张力：现代西方政治文明的样式 / 041

第三章 民主与法治综合推进的中国民主政治建设 / 048
 一、被阉割的民主化 / 048
 二、综合推进的中国民主政治建设 / 055

第四章 依法治国的历史贡献 / 062
 一、马克思主义法学理论的"空区" / 062
 二、依法治国理论的初步探索 / 068
 三、依法治国理论的全面发展 / 071

四、依法治国理论的历史贡献 / 078

逻 辑 编

第五章　权利的复合制度化及其内在逻辑 / 083
　　一、权利的民主化 / 084
　　二、权利的法治化 / 093
　　三、权利复合制度化的内在张力 / 103

第六章　权力的复合制度化及其内在逻辑 / 109
　　一、权力的民主化 / 109
　　二、权力的法治化 / 122
　　三、权力复合制度化的内在张力 / 133

困 境 编

第七章　中西限权理论的历史困境 / 137
　　一、权力宰制法治：近代中国法治的双重负累及其畸变 / 137
　　二、主权高于法律：从马基雅维里到卢梭 / 142
　　三、限权之限的历史与逻辑 / 150

第八章　西方权利理论的逻辑困境 / 154
　　一、两种权利的争论 / 155
　　二、权利困境与宪政民主制的内在紧张 / 160
　　三、权利困境的逻辑结构 / 165

第九章　西方民主理论的逻辑困境 / 170
　　一、"服从自己"：在国家与个体之间 / 170

二、"化圆为方"：近代西方政治文明的"哥德巴赫猜想" / 178

争 论 编

第十章 民主，还是法治？/ 189

一、和谐共生，还是冲突均衡？/ 190

二、民主为本，还是法治先行？/ 197

三、民主的制度化、法律化与法治民主 / 202

第十一章 美国宪法的神话与神化 / 208

一、权力神话 / 208

二、权利神话 / 212

三、神化宪法的原因 / 218

参考文献 / 227

后　记 / 249

源 流 编

第一章　西方民主的失败与治理之道

1831年4月2日，法国政治思想家托克维尔（Alex de Tocquville）访问美国，以其敏锐的思想嗅觉闻到了民主时代的气息，为人们揭开了未来社会的一角。如果说托克维尔当年看到的只是民主趋势的话，那么，今天的人们正在享受着民主带来的巨大好处。我们看到，民主的发展由涓涓细流汇为洪波巨浪，自19世纪以来，在世界范围内三度掀起制度变迁的浪潮。① 方兴未艾的第三次民主化浪潮引起

---

① 本文采用亨廷顿（Samule Huntington）对民主化的描述。据亨廷顿对民主化进程的审视，民主不断发展的脉络大致如下：
第一次民主化长波：1828—1926年
第一次回潮：1922—1942年
第二次民主化短波：1943—1962年
第二次回潮：1958—1975年
第三波民主化：1974年至今
参见〔美〕亨廷顿：《第三波——20世纪后期民主化浪潮》，刘军宁译，上海：上海三联书店1998年版，第13—15页。在该书中，译者将1943年误译为1843年。可对照丛日云：《当代世界的民主化浪潮》，天津：天津人民出版社1999年版，第47页。本文参照原文加以改正。Samule Huntington, *The Third Wave, Democratization in the Late Twentieth Century*, Norman: University of Oklahoma Press, 1991, p. 16.

了人们的广泛关注,其速度之快,范围之广,正在创造着人类政治生活的"奇迹":所谓的"民主化在波兰用了十年,在匈牙利用了十个月,在东德用了十周,在捷克斯洛伐克用了十天,在罗马尼亚则只用了十小时";① 大约有一百二十多个国家形成了所谓的民主政治,几乎所有的国家都在不同程度上受到了民主化潮流的冲击。② 英国著名学者安东尼·吉登斯(Anthony Giddens)惊呼,"突然间每个人都发现了民主!"他反问道,"今天的政治思想家,不论在什么意义上,有谁不是民主主义者呢?"③

人们不仅要问,民主真的成为"世界政体"了吗?

我们并不打算对这样一个乐天派的问题做急功近利式的探讨,而是准备从相反的视角出发,对民主遭遇的失败作一个冷静的思考。我们概略地梳理西方批判民主的思想史,并总结了以法治规制民主失败的治理之道,以求理解西方宪政民主制度的逻辑结构。

一、民主失败及其病理分析

就中文学术界来看,"民主失败"还并没有作为一个专

---

① 〔美〕塞缪尔·亨廷顿:《第三波——20世纪后期民主化浪潮》,刘军宁译,上海:上海三联书店1998年版,第118页。

② David Pottered, *Democratization*, Malden, Ma: Political Press, 1997, p. 38.

③ 〔英〕安东尼·吉登斯:《超越左与右——激进政治的未来》,李惠斌、杨雪冬译,北京:社会科学文献出版社2000年版,第108页。

有概念得到充分的重视。① 我国台湾学者钱永祥发现,对中文读者来说,贬低民主"听起来多少有点古而怪"。② 对于"民主失败",西方人并不像中国人那样感到意外。美国学者孙斯坦(Cass Sunstein)曾经坦然地指出:"民主遭遇失

---

① 就中国国家图书馆中文及特藏数据库的检索结果来看,国内学术界没有相关的学术著作(数据来源:中国国家图书馆中文及特藏数据库;统计方法:计算机检索;检索词:民主失败;检索方式:全字段查询;检索结果:0 个记录;截止日期:2003 年 4 月 4 日)。就中国期刊网专题全文数据库(CNKI)的搜索结果来看,全文中含有"民主失败"的论文仅有 7 篇,且没有对民主失败的内涵做出理论性的观照〔数据来源:中国期刊网专题全文数据库(CNKI);统计方法:计算机检索;检索词:民主失败;检索方式:全字段查询;检索结果:7 个记录;截止日期:2003 年 4 月 4 日〕。就百度搜索引擎数据库的搜索结果来看,仅有 4 条记录,其中,只有 1 条记录以专有名词的形式出现,但并不具有理论意义〔(数据来源:百度搜索引擎);统计方法:计算机检索;检索词:民主失败;检索方式:全字段查询;检索结果:4 个记录;截止日期:2003 年 4 月 4 日〕。就西方学术界来看,人们亦大多从经济角度分析民主的失败,并且很少对民主的失败作全面的梳理。参见 Donald A. Wittman, *The Myth of Democratic Failure*: *Why Political Institutions Are Efficient*, Chicago: University of Chicago Press, 1996. 实际上,在本文发表之后,国内学术界已经逐渐开始重视这一命题,产生了一些相关的研究成果,对民主的认识也逐渐理性化。比如,谭君久:《民主何以成功,何以失败?——关于 2010 年各国民主政治几个重要事件的比较观察》,载《比较政治学研究》,中央编译出版社 2012 年版。包刚升:《民主崩溃的政治学》,商务印书馆 2014 年版。杨光斌:《让民主归位》,中国人民大学出版社 2015 年版。

② 钱永祥:《纵欲与虚无之上:现代情境里的政治伦理》,北京:生活·读书·新知三联书店 2002 年版,第 131 页。

败是非常普遍的事情"。① 民主思想家熊彼特（Joseph Schumpeter）承认："再也没有比罗列一份给人印象深刻的民主方法的失败事例的清单更容易的事了。"② 自由主义大师哈耶克（Friedrich Von Hayek）更是罗列了民主政治的四大罪状："腐败、无法律、软弱和不民主"。③ 人们看到，在价值愈来愈多元化的当代西方世界，民主可能会威胁其他价值，甚至成为不宽容的根源和工具。④

尽管西方政治思想史上并没有关于"民主失败"的明确表述，但是，几乎所有的政治思想家都或多或少地表达过对民主政体的不满。西方政治发展的历程不但划清了一条民主政体不断进化并愈来愈成为"世界政体"的线索，还隐含着另一条常常被人们忽略却又极为重要的线索：批判民主的政治文化传统。

据考证，"民主"（demokratia）一词大约出现于公元前5世纪的雅典，用来替换更古老的名词"iso"或是"equal"，有"法律面前人人平等"的含义。大约在公元前

---

① 〔美〕孙斯坦：《自由市场与社会正义》，金朝武等译，北京：中国政法大学出版社2001年版，第439页。

② 〔美〕熊彼特：《资本主义、社会主义与民主》，吴良健译，北京：商务印书馆1999年版，第421页。

③ 转引自〔美〕霍伊：《自由主义政治哲学：哈耶克的政治思想》，刘锋译，北京：生活·读书·新知三联书店1992年版，第172页。

④ 高斯顿指出："我并不是想发起一场对民主的攻击。但是，我真的想建议，当民主走得太远时，其他重要的价值就可能受到危害。" William A. Galston, *Liberal Pluralism: The Implications of Value Pluralism for Political Theory and Practice*, Cambridge: Cambridge University Press, 2002, p. 81.

5世纪中期,"民主"一词得到广泛使用,并且同"人民的统治"(rule by the people)联系起来。拉菲尔·雪利(Raphael Sealey)认为,"民主"一词可能是雅典政治的那些批评者所造,由此来看,"民主"最初并非一个褒义词。①

在西方,对民主的批判与民主一样源远流长。美国著名作家斯东(Stone)年近七十开始学习希腊文,用十年的时间调查了西方历史上仅次于"审判耶稣"的思想奇案:谁是杀害苏格拉底的凶手?斯东发现,捉摸不定的想象使当时的具体情况已经变得不再重要了。② 其调查的结论是,苏格拉底因一种信念而死③,同时动摇了另一种信念,他的死使"杰斐逊式的对普通人的信念"成为"雅典和它所象征的自由的黑色污点"④,对雅典民主制的抗议成为希腊哲

---

① Raphael Sealey, *A History of the Greek City States ca. 700-338 B. C.* Berkeley: University of California Press, 1976, p. 159, p. 301; John Fine, *The Ancient Greeks, A Critical History*, Cambridge: Harvard University Press, 1983, p. 108, pp. 208-209. See Robert A. Dahl, *Democracy and its Critics*, New Haven and London: Yale University Press, 1989, p. 353.

② 斯东认为,"除了对耶稣的审判以外,没有任何其他审判,像对苏格拉底的审判一样,在西方人的想象力上留下一个这么生动的印象了。"〔美〕斯东:《苏格拉底的审判》,董乐山译,北京:北京大学出版社2015年版,序言,第17页。

③ 德国学者莫佳宜认为,"因信念而选择死亡,历史上这是第一宗。"参见〔古希腊〕柏拉图:《斐多》,杨绛译,沈阳:辽宁人民出版社2000年版,第1页。

④ 〔美〕斯东:《苏格拉底的审判》,董乐山译,北京:北京大学出版社2015年版,序言,第16页。

学中"最响亮的声音"。① 苏格拉底这位"最善良、最有智慧、最正直的"希腊人却为民主的希腊开创了从苏格拉底到柏拉图、色诺芬（Xenophon）再到亚里士多德的批判民主的传统。

在古代罗马和中世纪的漫长历史进程中，民主政体无可置疑地衰落了，一些勉强可以称为民主的迹象显得无足轻重。古罗马人宁愿相信混合政体，更多地依赖法治；在中世纪，上帝的声音淹没了民主的要求。尽管如此，人们还是没有忘记抨击民主。中世纪的思想巨人托马斯·阿奎那（Thomas Aquinas）曾这样指称民主，"当邪恶统治是由多数人实行时，那就叫做民主"。② 其对民主的态度可见一斑。

事实上，人们追求民主的努力并不是连续的。不但希腊式的民主在古代罗马和漫长的中世纪杳无音讯，而且，近代西方的民主化进程也表现为一波三折的艰难发展。在西方现代化以前的传统社会，民主的制度化由于高昂的成本而成为"奢侈品"③，它只是在某些时刻零星地出现在某

---

① 〔英〕阿克顿：《自由史论》，胡传胜等译，南京：译林出版社2001年版，第60页。

② 转引自〔美〕乔·萨托利：《民主新论》，冯克利、阎克文译，北京：东方出版社1998年版，第323页。

③ 我国学者丛日云认为，雅典的民主制度是"一种非常奢侈的民主，它带有'寄生'性。而西方学者琼斯（A. H. M. Jones）却不这样认为。A. H. M. Jones, *Athenian Democracy*, Oxford：Basisl Blackwell, 1977, pp. 5-18. 参见丛日云：《西方政治文化传统》大连：大连出版社1996年版，第71页。

些城邦或城市国家中。①

当封建王权和宗教神权的合法性岌岌可危时，人们再一次将理性的目光投向了民主，"民主"被绣在了资产阶级革命的大旗上。然而，随之而来的却是对民主的普遍反动：美国革命很快从《独立宣言》的立场上退了下来，以所谓"民主"的方式给民主带上了枷锁；法国大革命的民主甚至被视为"欧洲的耻辱"，成为欧洲现代政治文明成长过程中一块刺目的伤疤……"法治优位"的美国革命成了一场"反民主"的革命；而"民主优位"的法国革命却在革命失败后为批判民主提供了素材。革命之后的西方社会全面地走向保守：在英美两国，作为民主核心原则的多数原则一直作为"一种政治的和哲学的担心"而存在②；在欧洲大

---

① 从西方民主发展的历史来看，大规模存在的、有价值的民主主要存在于古代希腊。然而，希腊民主在时间上短暂得可怜，只有古风时代和古典时代，在希腊的某些地方存在着某种形式的民主。古代罗马与漫长的中世纪根本无民主可言。只有在资产阶级革命胜利后才在某些地区出现了民主，而且，民主化的三次浪潮又常常为"回潮"所打断。有典型民主存在的时间大致如下：

15—11 BC	10—6 BC	5—1 BC	1—5 AD	6—10 AD	11—15 AD	16—20 AD

图例：

	没有典型民主存在的时间
	有典型民主存在的时间

本图只作为示意图，一般性地描述了典型的民主政体存在与缺失的一般情况。

② Jon Poper, *Democracy and its Critics: Anglo-American Democratic Thought in the Nineteenth Century*, London: Unwin Hyman, Inc., 1989, p. 4.

陆，民主亦遭到冷遇，保守主义大行其道。

回顾西方民主由远及近、由弱而强的发展历程，我们发现，伴随这一过程的并不是对民主政体迷信式的崇拜；恰恰相反，人们越是了解民主，民主头上那些曾经耀眼的光环就越显暗淡。在当代西方，以数学推理和经济分析的手段来透视民主的种种弊端似乎成了理论界的拿手好戏。人们看到，不仅那种负载了过多价值的古代民主理论存在着种种弊端，而且，表现为一种程序的现代民主亦漏洞百出。在现代科学高倍的"显微镜"下，人们以精确的数理分析验证民主，几乎一致地发现，民主不只是不完美的，甚至是病态的。

作为一种以多数为原则的程序，民主提供了从个体偏好到集体偏好的工具。然而，当代西方政治理论界几乎一致认为，这一工具经不起逻辑的推敲，甚至不具备一些最显而易见的理性。早在18世纪，孔多塞（Jean-Antoin Condocet）就已经证明了由选举程序导致的"投票悖论"。① 19世纪的南森（E. J. Nanson）则进一步证明，在个体偏好与集体偏好之间，民主程序"不满足通常所理解的理性条件"。② 美国经济学家肯尼斯·阿罗（Kenneth Joseph Arrow）更是以严密的数学推理为工具，向传统民主的核心原则发起了挑战。

---

① 亦称孔多塞悖论，指在个人偏好给定的情况下，加总这些偏好所获得的结果可能会使选举不停地循环下去，产生所谓的循环悖论。

② 〔美〕阿罗：《社会选择：个性与多准则》，钱晓敏、孟岳良译，北京：首都经济贸易大学出版社2000年版，第13页。

阿罗提出了连通性、传递性两个公理以及广泛性、一致性、独立性、非强加性和非独裁性等五个条件。在此基础上,他得出了两个备选对象的可能性定理以及一般可能性定理。其中,尤其引起人们震动的是一般可能性定理。它告诉人们:

> 当我们排除了个人间效用的可比性后,对于从个人嗜好过渡到社会偏好的方法,如果要求这些方法既令人满意,又在一个相当广的范围内对任何个人排序集合都有定义,那么这些方法要么是强加的,要么是独裁的。①

阿罗的一般可能性定理对传统民主理论产生了巨大的冲击,人们甚至称其为"阿罗不可能性定理",阿罗则因在"一般均衡理论和社会福利经济学"方面的杰出贡献而成为诺贝尔经济学奖得主。尽管人们从各个角度对这一定理提出质疑,却无法撼动这一理论的根基。阿罗的理论得到了西方学术界的广泛关注,包括李特尔、萨缪尔森、肯普、黄有光和帕克斯等人在内的众多经济学家均从各个不同的角度对这一理论进行深入研究,印度籍经济学家阿马蒂亚·森更是因挑战阿罗而获得1998年度的诺贝尔经济学奖。

民主程序存在的种种缺憾持续地成为人们关注的焦点。继阿罗求证一般可能性定理之后,纪巴德和塞特维于1973年证明了"纪巴德—塞特维不可能性定理",向人们展示了

---

① 〔美〕阿罗:《社会选择:个性与多准则》,钱晓敏、孟岳良译,北京:首都经济贸易大学出版社2000年版,第82页。

民主过程中"讨价还价、玩弄权术的动态过程"①，更是暴露了民主的种种弊端。

抛开政治科学冷冰冰的检查，仅从当代西方政治哲学界的情况来看，民主亦多受指责。罗尔斯（John Rawls）指出："民主政治过程充其量只是一种受控的竞争过程：它甚至在理论上也不具有价格理论赋予真正的竞争市场的那种值得向往的性质。"② 作为一种程序，民主有效性的基本标准当然需要通过"程序可能产生的结果的正义性"来检查。③ 无论是罗尔斯还是哈贝马斯（Jurgen Habermas），他们都相信多数统治的合法性力量正来自于"不完美"但"纯粹"的程序合理性。④ 这样，情况可能正如达尔（Robert Dahl）指出的那样，"即使你相信民主程序是正义的，你还是可能会合情合理地声称，一个完全由民主程序决定的决策有时可能在实质上是非正义的。"⑤

---

① 相关内容的解释请参见徐鸿武、郑曙村、宋世明：《当代西方民主思潮评析》，北京：北京师范大学出版社2000年版，第166—168页。

② 〔美〕约翰·罗尔斯：《正义论》，何怀宏等译，北京：中国社会科学出版社1988年版，第216页。

③ 同上书，第220页。

④ 哈贝马斯指出，民主的程序是不完美的，一方面，"民主过程的建立旨在证明关于合理结果的假设是正当的，但它不能保证其结果是正确的"；另一方面，按"纯粹的程序正义"要求，民主过程并不存在"脱离程序的正确性标准"，这就使得决策的正确性完全与过程是否符合程序联系起来。〔德〕尤尔根·哈贝马斯：《后民族结构》，曹卫东译，上海：上海人民出版社2002年版，第246页。

⑤ Robert A Dahl, *A Preface to Economic Democracy*, Cambridge: Polity Press, 1985, p. 17.

在民主的程序与民主的结果之间并没有人们想象的那种联系。即使民主程序被严格地遵照执行，结果亦可能是相反的。哈耶克指出：

> 以为只要采用民主程序，我们就可以取消本对统治权力所设定的所有其他的限制措施，这实在是一种可悲的幻想。不仅如此，这种幻想还使人们产生了这样一种信念，即只要我们用民选的立法机关来"控制政府"，那么约束政府的各种传统手段也就可以弃之不用了；然而事实的真相却与此相反，因为我们知道，如果为了支持那种有利于特殊利益群体的特定行动纲领，人们有必要建立有组织的多数，那么我们就必须承认，这种必要性在同时也引入了一个产生专断和偏袒的新祸源，甚至还产生了一些与多数的道德原则不相符合的结果。①

哈耶克的批评集中指明了当代西方学术界批判民主的两个方面：一是民主的"乌托邦"，即认为民主会自动阻断权力的滥用，从而放松对权力的制约；一是民主的"多数暴政"，即教条地遵守多数原则，从而使少数人的权利受到侵害。事实上，纯粹的民主既可能放纵国家权力，又容易侵犯个人权利，这不但是思想史发展的结论，同时也为历史上曾经出现的民主失败，如法国大革命，所印证。

---

① 〔英〕哈耶克：《法律、立法与自由》第二、三卷，邓正来等译，北京：中国大百科全书出版社2000年版，第270页。

二、法治规制：民主失败的治理之道

人们可能会说，民主失败的原因在于民主不足。之所以民主会失败，可能正是因为民主还没有充分展开，所以，在这些人看来，"医治民主痼疾的唯一办法就是要有更多的民主"。然而，"这样的方法无疑等于火上加油"，民主的过剩亦会引起统治的危机，"民主在很大程度上需要节制。"① 就民主失败的病理来看，民主失败并不是民主不足，而是民主权力没有得到有效的控制。霍姆斯（Stephen Holmes）称这种失败为"民主政权的'自杀'"。在《先定约束与民主的悖论》一文中，他警告指出，"我们不能再犯他们的自鸣得意的错误"。②

为了避免民主失败，以法治规制民主，并使两者之间的紧张关系实现某种程度的均衡成为西方政治文明的基本经验。早在古代希腊，人们就试图将民主与法治结合起来。开创了"平民政体的祖制"的梭伦于权力的巅峰急流勇退，云游海外，他给雅典人留下的训诫就是希望他们能恪守法治。③ 在伯里克利时代，人们分别将民主与法治作为两个

---

① 〔法〕米歇尔·克罗齐、〔日〕绵贯让治、〔美〕塞缪尔·亨廷顿：《民主的危机》，马殿军等译，北京：求实出版社1989年版，第100页。
② 〔美〕史蒂芬·霍姆斯：《先定约束与民主的悖论》，载〔美〕埃尔斯特、〔挪〕斯莱格斯塔德编：《宪政与民主——理性与社会变迁研究》，潘勤译，北京：生活·读书·新知三联书店1997年版，第251页。
③ 亚里士多德认为，是梭伦开创了"平民政体的祖制"。这里的"平民政体"一词即指民主政体。参见〔古希腊〕亚里士多德：《政治学》，北京：商务印书馆1965年版，第103页。另可参见荣剑：《民主论》，上海：上海人民出版社1989年版，第11页。

领域中的两种不同方法来加以应用。在政治中，多数人掌握权力并决定城邦的大事；在私人争端中，每个人则依据法律处理纠纷。伯里克利指出："我们的制度之所以被称为民主政治，因为政权是在全体公民手中，而不是在少数人手中。解决私人争端的时候，每个人在法律上都是平等的……"①

人们越来越认识到，没有法律的生活不可忍受。柏拉图指出，"极为重要的是，人们必须为他们自己制定法律并在生活中遵守它们，否则他们会无异于最野蛮的野兽。"②亚里士多德将法治视为政体评价的一个重要标准，以区别"正宗"政体与"变态"政体。为了弥补民主制度的种种缺陷，亚里士多德曾设想了一种"以法律为依归的平民政体"③ 整合民主与法治，实现共和。

寻求民主失败的治理之道构成了西方政治现代化过程与民主化契合的另一条线索。美国宪法之父麦迪逊（James Madison）认为，"依靠人民是对政府的主要约束；但是经

---

① 〔古希腊〕修昔底德：《伯罗奔尼撒战争史》，谢德风译，北京：商务印书馆1960年版，第130页。
② 〔古希腊〕柏拉图：《法律篇》，张智仁，何勤华译，上海：上海人民出版社2001年版，第309页。
③ 〔古希腊〕亚里士多德：《政治学》，吴寿彭译，北京：商务印书馆1965年版，第190—191页。亚里士多德认为，在这种"以法律为依归的平民政体"中，"主持公义的人物都是较高尚的公民，这就不会有'德谟咯葛'。"德谟咯葛原意指平民领袖，亚里士多德称其为"民众佞臣"。

验教导人们，必须有辅助性的预防措施。"① 这句话典型地体现了西方人的民主观念，当民主再次复兴时，人们对它充满了怀疑和挑剔。对民主的理性认识使人们走出民主乌托邦，寻求以法治的方式限制民主，从而补救民主制度的种种弊端，这一思路不但成为美国"复合共和制"理论的指向标，同时亦为宪政民主制的形成奠定了理论基础。

19世纪末20世纪初，西方各国纷纷实行普选制，从而形成了所谓的"大众民主"，将"第一次民主化长波"推向高潮。然而，西班牙政治思想家奥尔特加·加塞特（Jose Ortega Gasset）却认为，大众民主这种"超级民主"正在使欧洲经历一场"野蛮人的垂直入侵"。② 他忠告，只有在纪律的约束下，民主与法律才会取得一致的含义：

> 传统的民主政治由于自由主义和对法律的习惯性遵从这两味药剂的作用而得到缓解，由于这些原则的存在，个人把自己限制在严格的纪律范围之内。少数人能够在自由主义原则与法治的庇护之下行动自如，民主与法律——法律之下的共同生活——的含义是一致的。③

---

① 〔美〕汉密尔顿、杰伊、麦迪逊著：《联邦党人文集》，程逢如等译，北京：商务印书馆1995年版，第264页。参照原文略有改动。Alexander Hamilton, James Madison, John Jay, *The Federalist Papers*, Beijing: China Social Science Publishing House, 1999, p. 322.

② Jose Ortega Gasset, *The Revolt of the Masses*, Notre Dame, IN: University of Notre Dame Press, 1985, p. 42.

③ Ibid., p. 9.

民主与法治的不可分离正是权力需要限制的真实反映。政治权力无论是人民的，还是君主的，都需要有所限制。为了避免法国大革命悲剧的重演，贡斯当提出了对权力的限制之道，即宪法限制、分权与制衡以及以个人权利限制权力。他指出，对政府权力的限制来自以下几个方面：

> 其一，来自宪法限制。宪法本身即是种对权力不信任的行为：它为权威设定了限制。假如我们相信政府具有永远正确的秉赋且永远不会走极端，宪法便没有必要设定这些限制了……其二，政府内部的分权与制衡也有限制政府权力的作用。最后也是最重要的，政府的权力必须有外部限制，即明确划定政府权限的范围以及个人在社会中不可侵犯的权利。对权力最根本的限制就是人民的独立的权利。①

除去分析制衡、以权力制约权力外，以权利限制权力和以宪法限制权力构成了人们防范民主失败，谋取自由的根本手段。在《论自由》一书中，密尔开篇即指出了谋取自由的两个"限制之道"：

> 谋取这种限制之道有二。第一条途径是要取得对于某些特权即某些所谓政治自由或政治权利的承

---

① Jack Hayward, *After the French Revolution: Six Critics of Democracy and Nationalism*, New York: Harvester Wheatsheaf, 1991, p. 117. 转引自〔法〕邦雅曼·贡斯当：《古代人的自由与现代人的自由》，阎克文、刘满贵译，北京：商务印书馆1999年版，第11页。

认，这些自由或权利，统治者方面政治自由若加侵犯，便算背弃义务，而当他果真有所侵犯时，那么个别的抗拒或者一般的造反就可以称为正当。第二条途径，一般说来系一个比较晚出的方策，是要在宪法上建立一些制约，借使管治权力方面某些比较重要的措施须以下列一点为必要条件：即必须得到群体或某种团体的想来是代表其利益的同意。①

尽管人们防范民主失败的手段是多种多样的，然而，在制度上以宪法来制约权力，实现法治却越来越得到人们的普遍承认。在现代社会中，民主离不开法治。奥斯特罗姆从"民主死亡"的角度论证了法治约束的重要性。他指出：

> 如果宪法说明了政府的界限和条件，那么"宪法约束"和"广泛宪法制约原则"就具有根本的重要性。无法维持制约，就标志着民主的死亡。②

当代美国著名法学家德沃金并不满意"多数至上主义"的民主概念，而是从宪法规定的个人权利出发提出了"民

---

① 〔英〕密尔：《论自由》，程崇华译，北京：商务印书馆1998年版，第2页。

② 〔美〕文森特·奥斯特罗姆：《复合共和制的政治理论》，毛寿龙译，上海：上海三联书店1999年版，第209页。奥斯特罗姆在此书中指出，"当行使政府特权者不受制约时，民主就死亡了。仿照托克维尔的话来说，我们或许会成为这样一个民族，没有任凭外来的征服者将自由从自己的手中夺走，而用自己的脚践踏自由"（第221页）。

主的合宪性概念",在反对多数至上主义的基础上强调了个人权利的重要性。① 无论从历史的经验出发,还是从科学论证的角度入手,纯粹的民主都是失败的,而法治则是医治民主失败的一剂良方。霍姆斯指出:

> 宪法是清醒者彼得而选民是醉鬼彼得。公民们需要宪法,正如尤利西斯需要被绑在他的桅杆上一样②。假如允许选民们得到他们所要的东西,那他们不可避免地会自我毁灭。用严格的规则来约束他们,他们就可以避免失足。③

霍姆斯视宪政为"集体性自我管理的方法之集和",他断言,"如果我们不能以一种半独裁的方式预先约束我们的后来人,那就可能会导致民主的毁灭。"④ 他通俗地指出,"如果不绑住他们自己的手脚,人民就没有手脚。"⑤ 哈耶克断言,"如果民主不维护法治,民主就不会存续多久"。⑥

---

① 〔美〕罗纳德·德沃金:《自由的法:对美国宪法的道德解读》,刘丽君译,上海:上海人民出版社2001年版,第21页。
② 尤利西斯是古希腊史诗《奥德赛》中的英雄奥德修的拉丁名字,为了逃避半人半鸟的海妖赛壬的诱惑,他用蜡封住水手们的耳朵,把自己绑在桅杆上。
③ 〔美〕史蒂芬·霍姆斯:《先定约束与民主的悖论》,载〔美〕埃尔斯特、〔挪〕斯莱格斯塔德编:《宪政与民主——理性与社会变迁研究》,潘勤译,北京:生活·读书·新知三联书店1997年版,第224页。
④ 同上书,第251页。
⑤ 同上书,第256页。
⑥ 〔英〕哈耶克:《自由秩序原理》上卷,邓正来译,北京:生活·读书·新知三联书店1997年版,第313页。

为了磨合人们政治意识上重民主、轻法治的倾向，哈耶克曾建议使用"demoarchy"来替代"democracy"。① 因为，在他看来，前者具备了"民主+法治"的意义，从而完整地表达了宪政民主的含义。

人们越来越认识到，为了避免民主失败就必须以法治规制民主，这甚至得到了来自政治科学的证明。在对五国公民政治文化进行广泛调查的基础上，美国政治科学家阿尔蒙德指出，以更多的政治参与追求更大的民主只是对民主政治的一种简单化的理解，民主政府不能只关心最大限度地扩大政治参与。他断定，"在牺牲其他一切的条件下来最大限度地扩大那个目标的政府寿命不会很长。政治系统，如果要想使它们生存下去，也必须是相对地有效和合法的……"②

---

① 哈耶克1968年最早使用该词。参见其向经济事务研究所（Institute of Economic Affairs）提交的论文，后收入《哲学、政治、经济与观念史的新研究》（Hayek, *New Studies in Philosophy Politics Economics and the History of Ideas*, Chicago and London: the University of Chicago Press and Toultage & Kegan Paul, 1978, pp. 96-97. p. 104；中译文参见〔英〕哈耶克：《经济、科学与政治——哈耶克思想精粹》，冯克利译，南京：江苏人民出版社2000年版，第383—388页）一书。在1979年的《法律、立法与自由》一书中，哈耶克再次使用了这一概念（Hayek, *Law Legislation and Liberty*, vol3, Chicago and London: The University of Chicago Press and Toultage & Kegan Paul, 1978, p. 140；中译文参见〔英〕哈耶克：《法律、立法与自由》第二、三卷，邓正来等译，北京：中国大百科全书出版社2000年版，第324—327页）。

② 〔美〕加布里埃尔·A. 阿尔蒙德、西德尼·维巴：《公民文化——五国的政治态度和民主》，马殿君等译，杭州：浙江人民出版社1989年版，第280页。

2001年12月，在国际政治哲学界享有重要影响的《政治学理论》杂志同时发表了三篇关于民主与法治关系的论文，对宪政与民主之间的联结进行了重要的反省与回顾，再次激发了人们对业已完成的宪政民主架构的兴趣。① 在此前后，哈贝马斯多次提出"民主法治国家"的概念，试图以此来均衡民主与法治之间的冲突。在他所谓的"民主法治国家"中，制度安排实现了法律制定者和法律接受者的重合，从而为民主和法治的联结提供了基础。他指出：

> 民主法治国家，就其观念而言，是一个符合人民要求的制度，并经过人民的意见和意志而实现了合法化；在这个制度当中，法律的接受者同时也是法律的制定者。②

就西方的经验来看，强调限制权力、保障权利的宪政法治体系为民主提供了解毒剂。民主失败与法治规制这一既出乎意料又处于情理之中的结论从另一个方向印证了民主与法治之间相辅相成的必要性，为西方宪政民主制的形

---

① Jürgen Habermas, Constitutional Democracy: A Paradoxical Union of Contradictory Principles? *Political Theory*, Dec 2001, Vol. 29 Issue 6, pp. 766-782; Bonnie Honig, Dead Rights, Live Futures: A Reply to Habermas's "Constitutional Democracy", *Political Theory*; Dec2001, Vol. 29 Issue 6, pp. 792-806; Alessandro Ferrara, Of Boats and Principles: Reflections on Habermas's "Constitutional Democracy", *Political Theory*, Dec 2001, Vol. 29 Issue 6, pp. 782-792.

② 〔德〕尤尔根·哈贝马斯：《后民族结构》，曹卫东译，上海：上海人民出版社2002年版，第77页。

成奠定了基础。民主的制度性失败与法治的先定性约束成为西方政治文明成长过程中两股既相冲突、又相扶助的力量,它们之间的冲突与均衡塑造了丰富多彩的政治意识、政治制度、政治行为,为人们理解和借鉴现代西方的政治文明提供了基本的框架和视角。

第二章 民主与法治的互动

我国学术界对于民主、法治的研究文献浩如烟海。然而，令人奇怪的是，民主与法治之间关系的主题却很少进入人们的视野。① 王惠岩指出："建国初期，我们解释法制的一个突出特点，是把法制作为专政的工具，把法制与专政联系在一起，认为民主、法制是实现专政的两个手段，而忽视法制与民主之间的关系。"② 这突出了我国政治学者对民主法治关系研究的一种担忧。无独有偶，从法学角度，郭道晖亦认为"……对于'共和''共和国''宪政'等词的含义及其与民主、法治的区别，共和精神和宪政理念的

---

① 就"民主"与"法治"的题名检索来看，在题名中使用了"民主"的著作共有2844本；使用了"法治"的著作共有426本；两词同时出现的则仅有16本。其中，专门论述民主与法治关系的内容更少得可怜（数据来源：中国国家图书馆中文及特藏数据库；统计方法：计算机检索；检索词：民主、法治、民主+法治；检索方式：全字段查询；检索结果：民主，2844条记录；法治，426条记录；民主+法治，16条记录；截止日期：2003年5月10日）。

② 王惠岩：《论民主与法制》，载《政治学研究》2000年第3期。

重要意义,理论界,特别是法学界却很少涉及,一般人更知之甚少。"①

坦率地说,严格意义上的民主与法治观念均生长于西方,因此,对西方政治文明成长过程中所表现出来的民主与法治关系有所认识就显得更加必要了。然而,我国学术界对西方政治理论的介绍明显存在着"偏食"。例如,对法国大革命前后民主思想的研究成果汗牛充栋,但对美国革命前后的宪政理论却鲜有涉及;对于19世纪末20世纪上半叶欧洲大陆表现出来的非理性、反民主思潮疏于介绍,相反,却对17、18世纪以及当代西方的自由主义政治理论极尽夸张。这使得人们对西方政治文明的解读如盲人摸象,常常是断章取义,甚至无法还历史以原貌,就更不用奢谈借鉴与吸收了。正是从这一角度出发,本人认为,有必要对现代②以来西方政治文明的演进模式做一全景式的观察。

一、对立:现代西方政治文明的形成

如果从宏观角度考察现代西方政治实践及与其相应的

---

① 郭道晖:《民主的限度及其与共和、宪政的矛盾统一》,载《法学》2002年第2期。

② 在西方,"现代"一词最早出现在公元5世纪,意在将已经皈依"基督教"的"现代"社会与仍然属于"异教"的罗马社会区别开来。因此,"现代"一词在内涵上"有意识地强调古今之间的断裂"。参见〔德〕尤尔根·哈贝马斯:《后民族结构》,曹卫东译,上海:上海人民出版社2002年版,第178页。中西方史学界在使用"现代"一词时有所不同。本文基本上从与传统相对应的意义上使用"现代"一词,用来指称自资产阶级革命以来的西方历史。

理论，我们会清晰地看到，在现代西方政治文明形成的过程中，民主与法治两种选择如影随形，不但指示了西方政治现代化的两条岔路，而且凝聚了政治思想的枝蔓向两个方向伸展的努力：一个方向是民主主义①的，强调了民主对政治权力的积极解放；一个方向是自由主义的，强调了法治对政治权力的消极约束。就现代西方政治文明的基本内容来看，民主与法治之间的冲突与均衡不但昭示了国家主

---

① 有时亦称为"共和主义"。关于民主主义与共和主义之间的显著区分体现在对民主和共和两个概念的认识上。亚里士多德即将平民政体视为变态的政体，而将共和政体视为合法的政体。在古代西方，"共和国"的含义与民主制度的含义是对立面。〔意〕萨托利：《民主新论》，冯克利、阎克文译，北京：东方出版社1998年版，第323页。麦迪逊（James Madison）在《联邦党人文集》当中倾向于以直接民主与间接民主两种差别来区分民主与共和，其区分主要体现在代议制民主和政治国家的范围两个方面。〔美〕汉密尔顿、杰伊、麦迪逊著：《联邦党人文集》，程逢如等译，北京：商务印书馆1980年版，第49页、第66页等处。达尔（Robert Dahl）认为，在麦迪逊时代，民主并不具有一些共同认可的含义。他倾向于以共和指称麦迪逊的民主，认为"坚持麦迪逊本人的术语'共和'，不会有什么损害。"参见〔美〕罗伯特·达尔：《民主理论的前言》，顾昕、朱丹译，北京：生活·读书·新知三联书店1999年版，第10—11页。事实上，在整个18世纪，民主与共和的概念，无论在现实当中还是在哲学上，都是交替使用的。达尔在后期的作品中认为，麦迪逊自己也在民主与共和的区分上陷入了矛盾。Robert Dahl, *How Democratic Is the American Constitution?* New Haven: Yale University Press, 2001, pp. 160-161. 现代的思想家更多地用到"共和"一词来指称"民主"。佩提特（Philip Pettit）称哈灵顿、孟德斯鸠、托克维尔以及卢梭为共和主义者。Philip Pettit, *Republicanism: A Theory of Freedom and Government*, Oxford: Clarendon Press, 1997, p. 19. 亦有人将孟德斯鸠、卢梭、托克维尔和黑格尔称为四大共和主义者。总体来看，共和主义与民主主义是两个有一定差别但又有一定联系的思潮。根据不同时期的表现，本文认为，尽管民主主义与共和主义的差别体现了民主派内部的某些分歧，但是，两种思潮均属于倡言民主的大系统。

权至上与法律至上两种至上性要求的交叠,在议会主权与宪法至上、人民主权与限权宪法之间保持着持久的张力;同时还强化了国家与社会的领域分离,在人民主权与人权、政治权利与个人权利、积极自由与消极自由之间要求应有的界限。总之,民主与法治的冲突厘清了现代以前西方社会始终模糊的权力与权利问题,在两个不同的方向上规定了现代西方政治文明的发展道路。

就政治意识的形成来看,由于在不同程度上糅合了法治,现代西方民主观念形成了两个传统:"卢梭传统"和"洛克传统";① 与这两种政治意识相对应,就政治制度的安排来看,现代资产阶级革命又可以明确地区分为以美国革命为代表的"法治优位"模式和以法国革命为代表的"民主优位"模式;与之相适应,政治行为的模式亦区分为美国的宪政革命模式和法国的民主革命模式。从美国的情况来看,革命胜利后,制宪会议从《独立宣言》的民主立场上退下来,选择了法治,有意地削弱了民主,成为一场缺少民主的宪政革命;与此相反,法国革命选择了民主,

---

① 罗尔斯认为,民主的两个传统即"与洛克相联系的传统和那种与卢梭相联系的传统"。参见〔美〕罗尔斯:《政治自由主义》,万俊人译,南京:译林出版社 2000 年版,第 4 页。米歇尔曼(Frank Michelman)在《法的共和》一文中亦认同两种传统的划分。Frank Michelman, "Law's Republic", *The Yale Law Journal*, Volume 97, Number 8, July, 1988, pp. 1500-1501. 尼诺(Carlos Santiago Nino)认为,如果将宪政主义理解为民主与法治的复合体的话,那么,"宪政主义在这一最为宽泛的意义上体现为卢梭与洛克观念的冲突"。Carlos Santiago Nino, *The Constitutuion of Deliberative Democracy*, New Haven & London: Yale Unversity Press, 1996, p. 6.

却没有形成民主的制度化,进行了一场没有形成宪政秩序的民主革命。总的看来,西方政治现代化早期以民主和法治为内容,在政治意识的形成、政治制度的确立、政治行为的个性等方面昭示了政治文明青春期的对立,从两个方向塑造了西方政治文明发展的雏形。①

诚然,如托克维尔承认的那样,平等、民主等信条"不仅是法国革命的原因,而且……是大革命最经久最实在的功绩"。② 但是,诸如自由、平等、博爱、人权、社会契约、对暴政的反对以及人民主权这些革命的信条逐渐变成了"革命家"们的教义,被那些丧失理性的人们用来作为不证自明的"福音书"。③ 在法国政治思想家勒庞(Gustave Le Bon)看来,法国大革命的真正目的就是要摆脱纪律和法治的约束。勒庞指出:

> 在大革命开始的时候,自由、平等、博爱之类的口号确实表达了人们的真实希望和信念;但是,

---

① 值得说明的是,两种优先性模式的比较是相对的:一方面,所谓的"优位"出于比较而言,很难说美国革命没有民主;另一方面,两种模式亦没有完全整合内部存在的矛盾。尽管人们可以将思想观点基本相近的思想家划分为不同的思想流派,然而,每一个活生生的思想个体总是倔强地声称其多样性的存在。从政治思想的角度来看,在法国有着孟德斯鸠与卢梭的对立;在美国则存在着汉密尔顿与杰斐逊的分歧。他们之间的思想分歧与对立是复杂的,但其民主与法治的理论个性却是鲜明的。

② 〔法〕托克维尔:《旧制度与大革命》,冯棠译,北京:商务印书馆1992年版,第46页。

③ Gustave Le Bon, *The Psychology of Revolution*, New York: G. p. Putnam's & Sons, 1913, p. 194.

随着革命的发展，嫉妒、贪婪以及对优越者的仇恨到处泛滥，而这些口号则很快成为人们为此进行辩护的托词，沦为这些邪恶情感的遮羞布。在自由、平等、博爱这些口号的背后，大众要摆脱纪律的限制才是真正的动机。①

与勒庞的描述看起来大相径庭的是，法国大革命给人的印象却是追求法治。在法国大革命期间，"无宪法，毋宁死"成为人们战斗的口号。人们相信立法的力量，总是希望通过新的法律为混乱的局面雪中送炭，走上前台的政治派别纷纷抛出自己的宪法，并试图通过它建立自己的统治。

这里面透视出的正是法国大革命的一个悖论：人们总是希望以法律来恢复秩序，但却又不愿接受法治的约束。有"法兰西制宪之父""头号政治设计师"之称的西耶士（Sieyes）即认为，"国家通过其规章和宪法约束其代理人，因此，设想国民本身要受这些规章和宪法来制约，这是荒谬的"。② 在"人民不受约束"的喧嚣声中，"法治"的原则被人们抛弃了。英国历史学家卡莱尔（Thomas Carlyle）视法国大革命为一场"公开的暴力叛乱"。③ 戴雪（Albert

---

① Gustave Le Bon, *The Psychology of Revolution*, New York: G. p. Putnam's & Sons, 1913, p. 66.

② 〔法〕西耶士：《论特权 第三等级是什么?》，冯棠译，北京：商务印书馆1991年版，第61页。

③ Thomas Carlyle, *The French Revolution: A History*, 1837, Book VI, Chapter 1. 6. I.

Venn Dicey）更是毫不含糊地指出，"如谓法律主治的大义竟可废弃，此等现象惟可出现于大革命。"①

革命的动荡使得宪政的稳定性无从谈起。恩格斯对比了英国和法国的宪法后指出：

> 英国宪法差不多一百五十年来就一直是国家法律；在英国，任何一种变革都要通过法律手续，通过合乎宪法的形式进行；可见英国人对他们的法律是非常尊重的。而在法国，最近五十年来，接二连三发生暴力革命，形形色色的宪法——从激进民主主义到赤裸裸的专制主义，各式各样的法律，实行很短一个时期以后，就被抛到一边，而为新的宪法和法律所代替。②

恩格斯对英国和法国的比较更凸显了法国大革命法治秩序频频流产的事实。法国大革命期间，不但有1789年的《人权宣言》引人注目，人们还先后制订了1791年宪法、1793年宪法、1795年宪法、1799年宪法等，其变化之频繁令人目不暇接。从1789年到1815年间，法国制定过7部宪法，平均不到4年就产生一部新宪法，法国成了宪法的

---

① 〔英〕戴雪：《英宪精义》，雷宾南译，北京：中国法制出版社2001年版，第244页。
② 恩格斯：《大陆上社会改革运动的进展》，载《马克思恩格斯全集》第1卷，北京：人民出版社1956年版，第581—582页。

"试验场"。① 然而，几乎没有一部宪法受到人们的尊重，1793年宪法未经实施即遭人抛弃；1795年宪法通过时，雅各宾派已经日薄西山，更是很少有人问津。革命几起几落，革命的宪法亦随波逐流，成为革命派踢来踢去的皮球。

身处大革命之中的迪波尔抱怨道："人们老给我们讲原则，为什么不考虑一下稳定性也是政府的一个原则呢？难道想使如此热烈、好动的法国人，每两年在法律和政见方面进行一次变革吗？"② 法国大革命中，各派人物粉墨登场，如走马灯一般在政治舞台上稍纵即逝。人们看到，"任何人企图建立统治都要覆灭"，它使得一切成了过眼烟云，如昙花一现，"只有一个东西是现实的和可能的，这就是

---

① 我国史学界一般认同以1789年为法国大革命的开始，但对法国大革命的下限并不统一。如果以1815年计算的话，大革命期间法国共通过了1791年、1793年、1795年、1799年、1804年、1814年、1815年等7部宪法，平均不到4年就通过一部。相关资料请参见张千帆：《西方宪政体系》下册，北京：中国政法大学出版社2001年版，第2页。我国学者朱学勤亦考察了法国制宪起伏动荡的现象，其统计结果是从1791年到1804年15年间通过5部宪法。之后，在至今的200年内，法国总共通过了12部宪法，每16年一部。朱学勤：《道德理想国的覆灭》，上海：上海三联书店1994年版，第183页。法国大革命后的宪法变更固然与法国大革命有关，但法国实行的多党制，政局多变亦是一个主要原因。朱学勤所谓美国宪法"二百年不变"的说法亦值得推敲。在总共不到30条的宪法条文中，后增了20多条修正案不说，众多的宪法判例更已经成为美国宪法的重要组成部分，是实际在运行的宪法。而且美国宪法的保守性亦遭到了达尔等人的批评。Robert A. Dahl, *How Democratic Is the American Constitution?* New Haven: Yale University Press, 2001.

② 〔法〕米涅：《法国革命史》，北京编译社译，北京：商务印书馆1977年版，第101—102页。

战争"。①

革命式的民主如山呼海啸般地转瞬即逝，它的狂热挤压了制度化的每一分努力，把一切踩在脚下，为雅各宾专制提供了君主专制所无法具备的力量。法治秩序的建立一波三折，民主的制度化遥遥无期，这成为法国革命在一次又一次的复辟和起义中流产的重要原因。

正如托克维尔指出的那样，法国大革命既是强大的，又是脆弱的。说它强大，是因为它是一场民主革命；说它脆弱，则是因为它是一场缺失了法治的民主革命。② 法国大革命的失败昭示的是没有法治的民主革命的失败，它留给人们的启示是：没有法治的约束，民主是脆弱的，甚至会沦落为暴政的工具。

与法国大革命的情形相反，美国革命胜利后，保守派走上前台，推动了宪政秩序的建立。独立战争结束后，美国经济陷入了严重的萧条，阶级矛盾加深，1786年的谢司（Daniel Shays）起义引起了中产阶级的普遍恐慌，反民主的气氛日甚一日。哈特福德才子派③发动了所谓"把康涅狄格共同体从民主的污染中拯救出来"的运动，把"所有的动

---

① 〔法〕米涅：《法国革命史》，北京编译社译，北京：商务印书馆1977年版，第290—291页。

② 佟德志、牟硕：《缺失宪政的民主革命及其困境》，载《中西政治文化论丛》，天津：天津人民出版社2003年版，第364页。

③ 这个组织最早出现在康涅狄格，其成员主要包括约翰·特郎布尔、蒂莫西·德怀特、乔尔·巴罗、莱缪尔·霍普金斯、戴维·汉弗莱、里查德·艾尔索普和西奥多·德怀特、伊莱休·哈伯德·史密斯以及梅森·F. 科格斯维尔等人。

荡都算在民主的账上,迫不及待地以法律和正义的名义熄灭民主之火"。① 主张限制民主,恢复秩序的人们集结在联邦党人的周围,队伍不断壮大;相反,坚守大众民主的反联邦党人却四分五裂,起不了什么作用。②

在民主派人士缺席的情况下③,1787 年的制宪会议成了保守派的一场聚会。筹备者将各州的代表由 5 名削减到 3 名,而且,各州代表人数并不一致。④ 正像埃尔弗雷德·杨(Alfred Young) 发现的那样,制宪会议的领袖都是些"和事佬",他们为着保守的目的而出卖民主。⑤ 美国宪法的鼓吹者将制宪会议誉为"上帝的作坊",而美国政治学家达尔却为人们描述了当时的情景:

---

① 〔美〕沃浓·路易·帕灵顿:《美国思想史》,陈永国等译,长春:吉林人民出版社 2002 年版,第 311 页。

② Ralph Ketcham, ed., *The Anti-Federalist Papers and the Constitutional Convention Debates*, New York: New American Library, 1961, p. 213.

③ 当时,亚当斯和杰斐逊远在欧洲,潘恩在革命后也离开了美国,帕特里克·亨利则拒绝参加这次会议。这造成了在制宪会议的争论中民主派人士严重缺席。

④ 结果,各州代表数并不一致,最多的宾夕法尼亚州和弗吉尼亚州的代表达七八人之多。Max Farrand, ed., *The Records of the Federal Convention of 1787*, vol. 1, New Haven, Conn.: Yale University Press, 1937, p. 1; p. 5. Broadus Mitchell, *Alexander Hamilton*, New York: Oxford University Press, 1976, p. 147.

⑤ Alfred A. Young, Conservatives, the Constitution, and the "Sprit of Accommodation," in Robert A. Goldwin and William A. Schambra, eds., *How Democratic Is the Constitution?* Washington, D. C.: American Enterprise Institute, 1980, pp. 118, 138.

55个凡夫俗子聚集在一起，炮制了这样一纸文书，而实际上参与签署这一文件的不过只有39人，更不用说他们当中有相当一部分人是奴隶主；13个州总共不到2000人投票通过了宪法，所有这些投票者早已作古，并且其中大多数都已被人遗忘。①

　　在费城拉下窗帘的会议厅中，制宪者们坦诚地表达了对民主的不满和谩骂。大多数与会代表都一致认为，美国政治的危机滋生于民主过剩的危机。爱德蒙·伦道夫（Edmund Randolph）认为："如果追溯这些罪恶的源头的话，每个人都会发现，那正是起因于民主的骚乱与愚蠢。"② 梅森（George Mason）则认为："我们过去太民主了，但却不敢说出来，不小心走向了另一个极端。我们应该注意人民中每个阶级的权利。"③ 格里（Elbridge Gerry）则坦率地指出："我们经历的罪恶正是源自过度的民主。人民无意于美德，只不过是装成爱国者想骗人。"④ 坦率地讲，他并不

---

① 有10个州的制宪会议的投票并非完全一致，总共1540名代表对宪法进行投票，964票赞成，576票反对。参见 Robert A. Dahl, *How Democratic Is the American Constitution?* New Haven: Yale University Press, 2001, p. 173.

② Max Farrand, ed., *The Records of the Federal Convention of* 1787, vol. 1, New Haven, Conn.: Yale University Press, 1937, p. 51.

③ Max Farrand, *The Records of the Federal Convention of* 1787, vol. 1, New Haven, Conn.: Yale University Press, p. 48.

④ Max Farrand, ed., *The Records of the Federal Convention of* 1787, vol. 1, New Haven, Conn.: Yale University Press, 1937, p. 48.

喜欢由人民进行的选举。①

在历时五个月的讨论中，制宪者当中仅有汉密尔顿（Alexander Hamilton）、麦迪逊、莫里斯（Gouverneur Morris）、梅森、格里、伦道夫等人在6天中7次提到民主，且一般都与"罪恶""暴政""过分"等词联系在一起。② 英国历史学家阿克顿勋爵评论指出："美国的宪法远不是民主革命和反对英国体制的产物，而是民主强烈反作用的结果，并且倾向于母国的传统。"③

当时的人们并没有像今天的人们想象的那样欢迎1787年宪法。宪法在各州的通过是艰难的，并附加了一些条

---

① Max Farrand, ed., *The Records of the Federal Convention of* 1787, vol. 1, New Haven, Conn.: Yale University Press, 1937, p. 50.

② 本文数据并非完全统计。由于制宪会议是秘密情况下进行的，因此，没有官方的公开记录，亦没有更多较为可信的记载。其后流传下来的主要有麦迪逊在会议上所做的笔记，但亦是经过润色后发表，多有不可信之处。由法仑德（Max Farrand）整理出版了四卷本的《1787年联邦制宪会议记录》（Max Farrand, ed., *The Records of the Federal Convention of* 1787, vol. 1-4, New Haven: Yale University Press, 1937.）对各种说法进行了汇总，具有重要的史料价值。本文以计算机检索的方式对麦迪逊笔记进行了检索，结果发现，在制宪会议中，人们只有7次提到民主，集中于6天当中。（数据来源：James Madison, *Notes of debates in the Federal Convention of* 1787, Athens, Ohio: Ohio University Press, 1984. （网络版 http://www.constitution.org/dfc/dfc_0000.htm）；统计方法：计算机检索；检索词：democracy；检索方式：全字段查询；检索结果：7个记录；截止日期：2003年4月4日。）

③ 〔英〕阿克顿：《自由史论》，胡传胜等译，南京：译林出版社2001年版，第228页。

件。① 当南卡罗来纳州偏远地区的农民听说他们的州已经批准了宪法时,他们将一口棺材涂黑,拉着它举行丧礼,并庄严地把它入土,以象征公共自由的寿终正寝。②

1787年宪法的通过使美国宪政制度的安排尘埃落定,它试图通过"宪政试验来制约绝对民主的危险",③但却没能为民主与法治的争论画上一个圆满的句号。就对美国宪法的态度来看,无论是它的支持者还是它的反对者,他们之间最能开诚布公地谈论的一件事就是,美国宪法不是民主的,至少主要不是民主的。人们抨击这一"最陈旧的教条",是因为它不是民主的;人们信仰这一最古老的宪法,也是因为它不是民主的。

二、互动:现代西方政治文明的发展

在以民主和法治为框架的政治文明二元结构中,过分强调了民主常会挤掉法治的空间,而过分强调法治亦会扼杀民主的活力。由此看来,无论是"民主优位"还是"法

---

① 虽然在三个州—特拉华、新泽西和佐治亚—中,投票是意见一致的,但是,在其余各州的投票则显得支离破碎,北卡罗来纳甚至以184∶84拒绝通过宪法。在有的州,代表们争论得沸沸扬扬,结果却仍然是难分伯仲。例如,在马萨诸塞州,代表们以187∶168平分秋色;在新罕布什尔州是57∶46;在弗吉尼亚这个产生了好几位宪法主要制定者的州,宪法仅以80∶79一票之差获得通过。Robert A. Dahl, *How Democratic Is the American Constitution?* New Haven: Yale University Press, 2001, p. 173。

② Jackson Turner Main, *The Anti-Federalists: Critics of the Constitution*, 1781-1788, New York: W. W. Norton, 1974, p. 133。

③ 〔美〕沃特金斯:《西方政治传统——近代自由主义之发展》,杨健等译,长春:吉林人民出版社2001年版,第97页。

治优位",其极端形式都会使政治文明的发展畸形。就西方政治文明的发展来看,弥补革命时期两种模式存在的缺陷,发展一种民主与法治均衡的模式成为西方政治文明对其他政治文明最为有益的启发。

就美国的情况来看,制宪会议前,麦迪逊"强烈地认为,国家的权力应该由国家的立法机关来实行……"然而,在制宪会议期间,他对这一立场的怀疑却"越来越强烈了"。① 尽管麦迪逊宣称"在政府应该为社会提供安全、自由与幸福这一实质精神上"他"决不会退缩",② 但无论是制定宪法还是争取批准宪法,麦迪逊均站在了联邦党人的行列。如果说这一转变顺应了美国革命由民主转向法治的话,那么,麦迪逊在宪法通过后转而加入杰斐逊的阵营则引领了美国政治由"贵族共和"向"民主共和"过渡的潮流,③ 美国精英民主传统的伟大思想家转而成为对美国大众民主传统做出最伟大贡献的思想家。④

麦迪逊的转变成为现代西方政治文明发展的"微缩景观"。就美国情况来看,民主共和党人赢得了1800年的选举,杰斐逊当选总统,掀起了所谓的"1800年革命"。民主

---

① Max Farrand, ed., *The Records of the Federal Convention of* 1787, vol. 1, New Haven, Conn.: Yale University Press, 1937, p. 53, p. 60.

② Ibid.

③ Robert A. Dahl, *How Democratic Is the American Constitution?* New Haven: Yale University Press, 2001, p. 6.

④ Robert A. Rutland, *On Madison and the Bill of Rights*, see Robert A. Rutland, *James Madison: The Founding Father*, New York: Macmillan, 1987, pp. 59-65.

共和党人执政在很大程度上改革了联邦党时期的司法体系，增强了美国宪政的民主性。在杰斐逊、麦迪逊等人的领导下，美国人民很快就"创造了一个更加民主的共和政体"，"几乎立即改变了制宪者们原先创立的宪政体系。"①

我们看到，主张限制权力，保障权利的自由主义正是在同民主的结盟中受益。美国学者巴伯（Benjamin Barber）指出：

> 1688 年以来，自由主义在其不稳固但却常常是辉煌的政治史中，促进了许多联盟：理性主义与经验主义、革命与官僚、启蒙与浪漫主义、自由市场经济与国家主义。但是，没有哪一个联盟能比它与民主的结盟更使它受益。②

事实上，正如美国政治思想家克罗利（Herbert Croly）看到的那样，自由的"朋友"对民主常常并不友好，长期以来形成的自由主义传统甚至使人们相信，"公民的和政治的自由依赖于对人民主权的否认和对选举的严格限制"。③以强调法治为核心的自由主义逐渐改造自身，在不断接受民主的过程中获得了更强的生命力。这在自由放任遭受挫折的情况下尤其如此。在美国的"新政时期"，人们要求在

---

① Robert A. Dahl, *How Democratic Is the American Constitution?* New Haven: Yale University Press, 2001, p. 6.

② Benjamin Barber, *A Passion for Democracy*, *American Essays*, Princeton New Jesey: Princeton University Press, 1998, p. 3.

③ Herbert Croly, *The Promise of American Life*, New York: Macmillan Company, 1910, p. 452, p. 455.

集体自决中对自然权利的正当性进行辩论，把"高度的可信度"与"高度的协商"结合起来。孙斯坦在分析这一趋势时指出：

> 新政者期望有一种由公民和代表对公法的基本制度进行协商决策并通过反应迅速却很专业的机构进行运作的制度。摒弃不民主普通法秩序维持制度和通过法官确立的宪法体制，代之以服从公众政治意愿和贯彻公众指令的新的规范制度。①

作为对这一观念的反动，在美国新政时期，人们发展了一种被派尔斯（Richard Pells）称为"民主集体主义"②的观念以弥补传统个人主义暴露出来的种种缺陷。克罗利认为，美国人民的希望在于"实现某种程度的纪律而不是经济自由的最大化；个人的服从和自制而不是个人难填的欲壑"。③ 杜威（John Dewey）亦认为，个性回归之路在于"不再将社会合作和个体对立起来"，社会合作才是建设新的个体性的基础。④ "对人性之能量的信赖，对人的理智，

---

① 〔美〕孙斯坦：《自由市场与社会正义》，金朝武等译，北京：中国政法大学出版社 2001 年版，第 439 页。

② Richard Pells, *Radical Visions and American Dreams*, Harper and Row Publishers Inc., 1973, p. 4.

③ Herbert Croly, *The Promise of American Life*, New York: Macmillan Company, 1910, p. 22.

④ John Dewey, *Individualism Old and New*, New York: Minton, Black & Company, 1930, p. 72, p. 99.

对集中的合作性的经验之力量的信赖"成为民主的基础,①而"民主的共同体"则成了美国人的追求。②

与英美自由主义接受民主相反,欧洲大陆的思想界却在法国大革命失败后开始检讨"民主革命"之失,进行了深刻的反思。这场反思成为保守主义的源头活水,它串起了一条自柏克(Edmund Burke)、德·迈斯特(De Maistre)及其追随者和盟友直到后来的法国的勒庞、西班牙的奥尔特加(Jose Ortega)、英国的梅因(Henry Maine)等一系列保守主义思想家绵延不绝的线索。贬低大众的精英主义让莫斯卡(Gaetano Mosca)、帕雷托(Vilfredo Pareto)、米歇尔斯(Robert Michels)的理论甚嚣尘上,而贬低理性的非理性主义则使泰勒(Taylor)、勒庞、尼采(Friederich Wihelm Nietzsche)、柏格森(Henri Bergson)、狄骥(Leon Duguit)等人的学说大行其道。

不仅如此,"对暴民的恐惧,对无产者的恐惧"亦成为自由主义的主题。③ 在民主问题上的一致性甚至模糊了自由主义与保守主义的边界。"对多数可能利用政府权力施行虐政的恐惧"显得"既真实又急切。"④ 民主带来的多数暴政

---

① 〔美〕杜威《新旧个人主义:杜威文选》,孙有中等译,上海:上海社会科学院出版社1997年版,第4页。

② John Dewey, *The Public and its Problems*, New York: H. Holt and Company, 1927, p. 184.

③ Anthony Arblaster, *The Rise and Decline of Western Liberalism*, Oxford: Basil Blackwell, 1984, p. 264.

④ Jon Poper, *Democracy and Its Critics: Anglo-American Democratic Thought in the Nineteenth Century*, London: Unwin Hyman, Inc., 1989, p. 205.

成为托克维尔、密尔（John Stuart Mill）这些自由主义者不断咀嚼的主题，它划清了欧洲自由主义向消极自由退守的轨迹。

如果说启蒙主义是"宗教禁欲主义那大笑着的继承者"，那么，人们看到的是，这一继承者"脸上的玫瑰色红晕似乎也在无可挽回地褪去"。① 留给人们的事实是，法国大革命并没有实现它所宣布的大部分目标，它的失败"标志着法国启蒙运动作为一种运动和思想体系的终结"②。对法国大革命的反动揭开了欧洲历史的另一页，③ 它把法国大革命失败的终点变成了一系列以"非理性""非民主"为标志的混乱思想的开始。法国大革命后，"自由变得疑窦重重，博爱已经消失得无影无踪，然而，就在此时，平等的原则却在毫无节制地疯长"。④ 在 19 世纪，人们很难在欧洲大陆找到民主主义的政治思想家了。法国政治思想史家埃米尔·法盖（Emile Faguet）曾对此大惑不解，他无可奈何

---

① 〔德〕马克斯·韦伯：《新教伦理与资本主义精神》，于晓、陈维纲等译，北京：生活·读书·新知三联书店 1987 年版，第 142 页。

② 〔英〕伯林：《反潮流：观念史论文集》，冯克利译，译林出版社 2002 年版，第 28 页。

③ 伯林指出，法国大革命的"它的继承人，以及在一定程度上由他们所激起又受着他们影响的反对运动，亦即各种浪漫主义的、非理性的信条和运动—政治的、美学的、暴力的、和平的、个人主义的和集体主义的，无政府主义的和极权主义的—及其影响，则属于历史的另一页。"参见〔英〕伯林：《反潮流：观念史论文集》，冯克利译，南京：译林出版社 2002 年版，第 28 页。

④ Gustave Le Bon, *The Psychology of Revolution*, New York: G. p. Putnam's & Sons, 1913, p. 294.

地指出:"几乎所有19世纪的思想家都不是民主主义者。当我写《十九世纪的政治思想家》一书时,这令我十分沮丧。我找不到什么人曾经是民主主义者,尽管我很想找到这么一位,以便我能介绍他所阐述的民主学说。"① 保守主义政治思想家迈斯特直言不讳地宣称,他的任务就是毁灭18世纪曾经建立起来的一切。②

回顾这段历史,我们会发现,资产阶级革命以来形成的"民主优位"和"法治优位"两种模式各自"进补",在19世纪到20世纪初期的这段时间里形成了一种反方向的思想运动。在时间不尽相同但却基本类似的运动中,民主与法治不断地走向融合:在英美,新自由主义运动的全面展开,人们迫不及待地撕下"原子"个人主义(atomic individualism)的冷漠面具,热情地拥抱民主;在欧洲大陆,保守主义的潮流却使欧洲思想界一片冷清,陷入了对法国大革命的长久反思,渴望着法治秩序的建立。就西方政治文明的发展来看,它所昭示的正是以冲突为动力、以"对立—互动"为特征的演进模式。

三、张力:现代西方政治文明的样式

就人类政治发展的基本成就来看,民主与法治无疑已经成为现代政治的基本标志。作为西方政治文明的基本制

---

① Gustave Le Bon, *The Psychology of Revolution*, New York: G. p. Putnam's & Sons, 1913, p. 297.

② Isaish Berlin, Introduction, Joseph de Maistre, *Considerations on France*, edited by Richard Lerun, Cambridge University Press, 1994, p. xiii.

度样式，法治与民主越来越紧密地结合在一起，构成了西方社会宪政民主制的基础。民主与法治的结合使政治问题进一步复合化，就权利的制度性保障和权力的结构性安排来看，它需要人们回答的是这样两个问题：

权力与权利究竟应该在什么样的范围内起作用？

就政治意识来看，权力与权利的心理与思想构成了现代西方政治观的基本特征，人们常常以"权力政治观"或"权利政治观"来描述现代西方政治观。就政治制度的形成来看，权力与权利的问题渗透到了民主与法治的制度安排当中，重构了另外两个问题，即：

民主与法治各自的界限是什么？

人们至今还是很难给出一个令人满意的答案。随着民主化进程的不断深入，民主所及的范围亦进一步扩大，它要求人们在宪政民主的制度架构内对民主的范围做更深入的思考和进一步的回答。民主化程度的不断提高使各种思潮之间的分歧表面化：激进的民主派更进一步地主张经济民主、社会民主，号召将民主程序扩展到经济与社会领域；保守的自由派则坚持自由放任，主张通过宪法性的先定约束严格限制民主的范围。他们之间的冲突正是民主与法治的冲突在当代西方思想界的表现。尽管民主的势力越来越强大，人们以整体为核心设计的权力结构更富有合理性，但不可否认的是，以个体为出发点要求的权利保障为民主权力设置的阻力亦是同样地强大，同样地富有合理性。

在《民主理论的前言》一书取得巨大成功后，达尔试图进一步提出一个"比美国人现有的体系更高的自由与平等的体系"。① 为着这一目标，他进一步修正了自己的理论，写作了《经济民主理论的前言》一书。在这本书中，达尔试图将民主程序扩展到经济领域中。他指出，"如果民主在治国中是合理的，那么，在治理企业时，它同样也是合理的"。② 这里的基本逻辑是"只要民主程序的假设是正当的，任何组织的成员都有权通过民主程序的方法来实现自治"。③

然而，面对民主派在民主与法治关系上的"矫枉过正"，自由派并不认账。他们重申传统自由主义的个人主义与法治精神，主张严格地对民主加以限制。萨托利（Giovanni Sartori）即对过于"民主"的宪法表示反感，并斥之为"坏宪法"。他指出，宪法的功能就在于它"既制约掌权者的意志又制约民主的'人民的意志'"，而在当代社会中，"某些宪法如此'民主'，以至于它们或者不再是宪法，或者它们使政府机器的运转太复杂化以至于政府无法运转，或者两者兼而有之"。④

---

① Robert Dahl, *A Preface to Economic Democracy*, Cambridge: Polity Press, 1985, p. 6.
② Ibid., pp. 134-135.
③ Ibid., p. 135.
④ 〔意〕萨托利：《"宪政"疏议》，晓龙译，载刘军宁等编：《市场逻辑与国家观念》（《公共论丛》第一辑），北京：生活·读书·新知三联书店1995年版，第117页。

与萨托利呼吁回归到自由主义传统的限权宪法相对,拉米斯(Douglas Lummis)则"呼吁回归到民主的原意——人民的权力上去"。① 在激进的民主主义者眼里,民主就是人民(demos)和权力(kratia)的复合体,"'民主'曾经是一个属于人民的词、一个批判的词、一个革命的词。它被那些统治人民的人所盗用,以给他们的统治提供合法性。是该收回它,并恢复它的批判和激进力量的时候了,这样的复兴是可能的并且是必要的。"②

正如人们看到的那样,"民主与法治之间可能产生矛盾的问题作为规范主义政治哲学的一个问题而存在着"。③ 事实上,民主与法治的二元分裂不仅体现在哈耶克、伯林、罗尔斯、哈贝马斯、萨托利这样的政治学家那里,同时还体现在霍姆斯(Stephen Holmes)、德沃金(Ronald Dworkin)、米歇尔曼(Frank Michelman)、孙斯坦(Cass Sunstein)这样的法学家身上,阿尔蒙德(Gabriel Almond)和维巴(Sidney Verba)等人关于政治文化的实证研究也为这一二元个性提供了线索与佐证。霍姆斯认为,在民主与法治的争论中,以夏皮罗为代表的民主主义者和以哈耶克为

---

① 〔美〕道格拉斯·拉米斯:《激进民主》,刘元琪译,北京:中国人民大学出版社2002年版,中文版序,第2页。
② 同上书,第8页。
③ 〔挪〕弗朗西斯·西阶尔斯特德:《民主与法治:关于追求良好政府过程中的矛盾的一些历史经验》,载〔美〕埃尔斯特、〔挪〕斯莱格斯塔德编:《宪政与民主——理性与社会变迁研究》,谢鹏程译,北京:生活·读书·新知三联书店1997年版,第152页。

代表的立宪主义者成为这场争论的正反方,"他们之间的分歧正好反映了民主主义者(他们认为宪法是令人厌恶的东西)与立宪主义者(他们认为民主是一种威胁)之间的争吵。"①

在这场争论中,尽管人们态度各异,但却都表达了一个基本的共识,即认同宪政与民主之间的张力。霍姆斯指出:

> 有些理论家担心宪法上的约束会窒息民主。而另一些人则害怕宪法之堤会被民主的洪流冲决。尽管双方各持己见,但都一致认为在宪政与民主之间存在着深层的和不可调和的张力。的确,他们接近于认为:"立宪民主制"是对手之间的联姻,是一种矛盾修饰法。②

就政治意识的发展来看,当代自由主义与共和主义的争论正是"卢梭传统"与"洛克传统"的继续。与之相对应,从政治制度的演进来看,西方政治文明越来越强调民主与法治的融合,进一步完成了"民主优位"模式和"法治优位"模式的调适。在人民主权与人权、民主与法治、积极自由与消极自由、公域自治与私域自律之间,当代西方政治哲学展开了深入而又广泛讨论。民主与法治关系的

---

① 〔美〕史蒂芬·霍姆斯:《先定约束与民主的悖论》,载〔美〕埃尔斯特、〔挪〕斯莱格斯塔德编:《宪政与民主——理性与社会变迁研究》,潘勤译,北京:生活·读书·新知三联书店1997年版,第225页。

② 同上。

话题几乎吸引了所有那些对西方产生重大影响的政治思潮。在自由主义与共和主义、自由主义与社群主义等重要的思潮之间，对民主与法治关系的探讨带动了与之相关的自由与平等的政治价值、积极与消极的政治态度、个人与集体的政治观念等主题全面而深入的研究，成为当代西方政治思潮的指向标。就政治哲学家之间的争论来看，先是诺齐克（Robert Nozick）向罗尔斯发难，后又有罗尔斯与哈贝马斯（Jurgen Habermas）之间的争论，他们之间倔强而又不失睿智的争论传为佳话，更使民主与法治关系的争论成为世纪之交西方政治哲学的一道亮点，政治文明创新与发展的源头活水。①

通过以上历史回顾，我们看到，西方政治文明就是在民主与法治的冲突与融合中不断演进的。从这一视角来看，法国革命选择了民主，但却没有形成民主的制度化，是一种"民主优位"的革命；美国革命选择了法治，却相对弱化了民主的声音，是一种"法治优位"的革命。两种模式在资产阶级革命以后开始向各自的反方向运动，各取所需，在19世纪末20世纪初期实践了"民主融合法治"和"法治融合民主"的互动演进模式。

西方政治文明发展的历史告诉我们，民主与法治是现代西方政治文明的主体框架，民主与法治的冲突及其均衡

---

① 鉴于本文的主旨，关于当代自由主义与共和主义的争论在此不做论述，具体内容请参考应奇著作《从自由主义到后自由主义》，北京：生活·读书·新知三联书店2003年版，第四章，第135—165页。

不但划清了西方世界政治发展的轨迹,而且界定了政治思想的主题。在建立民主的同时实现法治这一问题在西方国家政治文明的发展过程中占有极为重要的地位,它在不同的历史阶段与不同民族的历史机缘、社会文化心理等诸多要素结合起来,从而决定了现代西方政治文明的基本样式。

第三章　民主与法治综合推进的中国民主政治建设

政治文明的可借鉴性已经引起我国学者的高度重视。"在存在国家的条件下，政治文明总是有国别的。但是，政治文明却是没有国界的，不同国家的政治文明是可以相互借鉴的。"① 与世界民主化浪潮中种种民主化模式相比，中国的政治体制改革形成了怎样的模式？利弊如何？本章即从政治文明提供的理论框架出发，以比较的方法分析第三波民主化浪潮的利弊得失，并指出了民主与法治综合推进的中国政治体制改革经验。

一、被阉割的民主化

1974年，一群葡萄牙人于4月25日发动政变，无意中引发了一次世界性的政治运动，成为第三次民主化浪潮的开端。② 在此后的整个20世纪后半叶，大约有120多个国

---

① 虞崇胜：《论政治文明的普遍性和特殊性》，《武汉大学学报》（社会科学版）2003年第5期，第619页。
② Samule P. Huntington, *The Third Wave*, *Democratization in the Late Twentieth Century*, Norman: University of Oklahoma Press, 1991, p. 16.

家形成了所谓的民主政治，几乎所有的国家受到了民主化浪潮的冲击。① 英国著名政治思想家安东尼·吉登斯（Anthony Giddens）惊呼："突然间每个人都发现了民主！"他反问道："今天的政治思想家，不论在什么意义上，有谁不是民主主义者呢？"②

民主制度在发展中国家的普遍确立是这次世界性民主化浪潮的一个显著特征。"被统治的人民通过竞争性的选举来挑选领袖"成为这种民主改革运动的核心，而民主化进程就是"用在自由、公开和公平的选举中产生的政府来取代那些不是通过这种方法产生的政府"。③ 第三波民主化进程在全球范围内取得巨大胜利，成为全球化进程中与经济市场化相媲美的政治民主化之翼。

第三波民主化浪潮在范围和速度方面创造的奇迹同西方民主的发展历程形成了鲜明的对比。在西方，民主的源头在古代希腊，雅典民主的精神以"基因重组"的方式经过古代罗马传给了现代西方。经历了长时间的"接力"与"磨合"，西方社会才形成了今天自由民主的"杂交优势"。即使这样，普选权的实现在英国用了近两个世纪；在美国，这一进程也并不比英国短。

自由民主的来之不易使全球化时代喜气洋洋的西方学

---

① David Potter, ed., *Democratization*, Political Press, 1997, p. 38.
② 〔英〕安东尼·吉登斯：《超越左与右——激进政治的未来》，李惠斌、杨雪冬译，北京：社会科学文献出版社2000年版，第108页。
③ 〔美〕塞缪尔·亨廷顿：《第三波——20世纪后期民主化浪潮》，第6—7页。

者在审视第三波民主化浪潮时喜忧参半。人们看到，就民主选举等程序性的制度来看，像土耳其、印度、斯里兰卡以及哥伦比亚这样的国家确实可以称为民主国家，但是，它们的民主与西方民主的差距却也不容忽视。西方学者发现，"此"民主非"彼"民主。民主化研究的权威亨廷顿指出："我们应该注意到非西方国家的民主通常是吝啬的民主，而不是我们所熟悉的西方国家的自由民主。"① 在民主化研究方面颇负盛名的美国学者拉里·戴蒙德（Larry Diamond）也不得不承认，"在选举民主与自由民主之间的这种差距，已经成为'第三次民主化浪潮'的一个显著特征。这种差距将对理论、政策和比较分析产生严重后果。"②

对这次民主化的反思使得西方学者保持了一种谨慎的悲观。戴蒙德指出："在九十年代，选举民主的持续增加和自由民主的停滞，这两种不同现象的齐头并进标志着民主在第三波后期变得日益空虚。"③ 在新兴的民主化国家，日益增加且旷日持久的骚乱、政府部门的无效率、腐败、军人政治等等现象并没有因选举民主的实行而得到遏制，甚至选举民主本身也越来越空洞：选举得到普遍实行，但这种选举是伪装的；民主得到空前认同，但这种认同是表

---

① 〔美〕塞缪尔·亨廷顿：《再论文明的冲突》，李俊清编译，《马克思主义与现实》2003 年第 1 期，第 41 页。

② 〔美〕拉里·戴尔蒙德：《第三波过去了吗?》，载《民主与民主化》，北京：商务印书馆 1999 年版，第 394 页。

③ 〔美〕塞缪尔·亨廷顿：《再论文明的冲突》李俊清编译，《马克思主义与现实》2003 第 1 期，第 403—405 页。

面的。

　　从这个角度出发,人们发现,尽管第三波民主化浪潮如火如荼,然而,西方所谓的"自由国家"在"民主国家"中所占的比例并不是增加了,反而是减少了。也就是说,并不是那些实行了民主制的国家均接受了西方式的民主。在西方学者看来,更为糟糕的是,所谓的"民主国家"在数量上停止不前,在质量上却急剧恶化。让人担心的是,"许多国家民主被逐步地空洞化了,只剩下一个多党选举的外壳"①。西方文明并不能代替发展中国家民主文化的培养。正像亨廷顿看到的那样,"西方文明的本质是大宪章(Magna Carta)而不是'大麦克'(Magna Mac)('巨无霸')。'非西方人可能接受后者,但这对于他们接受前者来说没有任何意义'。"② 从民主制度的巩固来看,发展中国家仓促建立起来的民主制度并没有形成稳定的制度化与法制体系,这使得新兴民主国家的民主化面临困境,进一步的稳固与发展举步维艰。

　　选举民主的标准既没有注意到民主制度的巩固,也没注意到民主文化的培养,只是民主化的底线。按此认识,人们倾向于将民主化的巩固分为两个层次:一个是最高标准,即"巩固的民主",它预设了"一个长期社会过程的存在,以对大多数公民灌输民主的价值";另一个是最低标

---

① 〔美〕塞缪尔·亨廷顿:《再论文明的冲突》,李俊清编译,《马克思主义与现实》2003第1期,第408—409页。
② 〔美〕塞缪尔·亨廷顿:《文明的冲突与世界秩序的重建》,周琪等译,北京:新华出版社2002年版,第45页。

准,即没有出现对制度的合法性的挑战和重要政治团体对行为规则的系统性违背。① 民主的程序性认识厘清了民主化的两个不同层次,即民主的制度化进程和民主文化的培养。

尽管西方学者的分析是基于自由民主中心的,但是,我们还是可以从中透视出第三波民主化浪潮的种种缺陷。由于割裂了民主的有机组成,20世纪晚期的新兴民主国家无法整合民主的制度与文化,从而面临双重困境:从内容上看,民主确立了,但保证民主制度稳定、健康运行的制度法律体系却并没有形成;从结构上看,民主的政治制度得以建立,但民主的政治意识却并没有随之而来。人们越来越发现,第三波民主化浪潮成了一场被"阉割"的民主化。②

第三次民主化浪潮的窘境让人们想起了第一次民主化浪潮。19世纪末20世纪初,西方各国纷纷实行普选制,从而形成了所谓的"大众民主",将"第一次民主化长波"推向高潮。然而,西班牙政治思想家奥尔特加(Jose Ortega Gasset)指出,"民主与法律——法律之下的共同生活——的含义是一致的",没有法治约束的大众民主只能是"超级民主"③,是一场"野蛮人的垂直入侵"。④

---

① 〔美〕尼基佛罗斯·戴蒙都罗斯:《南欧民主化的成功故事》,载《民主与民主化》,北京:商务印书馆1999年版,第176页。

② 佟德志:《民主化与法治化的互动关系初探》,《理论导刊》2004年第7期,第32页。

③ Jose Ortega Gasset, *The Revolt of the Masses*, Notre Dame, IN: University of Notre Dame Press, 1985, p. 9.

④ Ibid., p. 42.

后来的经验表明，西方政治文明正是在克服这种"超级民主"的过程中逐渐建立起来的。两相比照，我们发现，20世纪晚期实现民主的国家并没有形成民主的制度化；相反，那些"速成"式的民主往往很难接受法治的约束，从而引起混乱与冲突。事实上，"宪政自由主义从理论上与民主不同，从历史上与民主有别"。① 在西方政治文明发展的进程中，法治与民主这两条线索是相互交织的。当西方宪政民主这种特殊的政治结构继续向外伸展，试图在全球化背景下成为一种世界性的政体时，西方学者不无失望地看到，自由和民主在世界其他地方"分道扬镳了。民主繁荣了，宪政自由主义并未昌盛"②。

　　人们可能会说，民主的弊病在于民主的不足，之所以民主政治会失败，可能正是因为民主还没有充分展开。因此，有人认为，"医治民主痼疾的唯一办法就是要有更多的民主。"然而，"这样的方法无疑等于火上加油"，民主的过剩亦会引起统治的危机，"民主在很大程度上需要节制"。③

　　就发展中国家的具体情况来看，民主失败常常是因为民主权力没有得到有效的巩固，已经建立起来的民主比较脆弱。斯蒂芬·霍姆斯（Stephen Holmes）称这种失败为

---

① 〔美〕马克·普拉特纳：《自由主义与民主：二者缺一不可》，载《民主与民主化》，北京：商务印书馆1999年版，第72页。
② 〔美〕尼基佛罗斯·戴蒙都罗斯：《南欧民主化的成功故事》，《民主与民主化》，北京：商务印书馆1999年版，第72页。
③ 〔法〕米歇尔·克罗齐、〔日〕绵贯让治、〔美〕塞缪尔·亨廷顿：《民主的危机》，马殿军等译，北京：求实出版社1989年版，第100页。

"民主政权的'自杀'"。① 就形式来看，政治文明是一种制度文明，它是这样一个综合的制度体系：既强调民主，又注重法治，进一步表现为民主与法治的均衡。就现代政治文明来看，以自由、平等等政治意识为依托，民主与法治的制度架构进一步影响到个人、国家的政治行为，成为政治文明两个最基本的向度。因此，民主与法治在现代政治文明的体系中是不可或缺的。

我们看到，就20世纪晚期的这次民主化浪潮来看，能否实现民主的制度化与权力运作的法治化成为这次世界范围内的民主化浪潮的关键，由此而来的一系列问题亦成为发展中国家民主化能否持久的核心问题。然而，发展中国家政治民主化的困境就在于，"法治和民主在发展中国家一般不共存。建立强权政治意识以及强权式的民主制度很容易……但建立法治观念和法治制度极为困难"。② 反思那些民主遭受挫折的国家，我们看到，其最根本的原因就在民主化改革并没有带来民主制度化，没有法治的制约，单纯的民主是脆弱的。

从政治制度的角度看，现代民主的运行不但需要全体公民参与到政治选举与政治决策当中去，同时，它还需要有效地组织参与，保证政治体系的正常运行。这样，保证

---

① 〔美〕史蒂芬·霍姆斯：《先定约束与民主的悖论》，载〔美〕埃尔斯特、〔挪〕斯莱格斯塔德编：《宪政与民主——理性与社会变迁研究》，潘勤译，北京：生活·读书·新知三联书店1997年版，第251页。

② 潘维：《民主迷信与政体改革的方向》，http://news.163.com/editor/001106/001106_93389.html。

稳定的法治秩序就显得至关重要。就发展中国家的情况来看，一方面，公民通过选举民主的建立取得了进入国家领域的政治权利；另一方面，国家权力并没有得到有效的制约，国家权力与公民社会之间的界限还没有划清，法治的秩序还没有建立起来。在那些刚刚建立起民主制度的发展中国家，法治宪政体系的建立绝非一日之功，民主权力与法治秩序的契合更需假以时日。

就政治文明的结构来看，它是这样的一个复合体，既需要以明确的制度、法律体系来完成民主的制度化，从而为民主参与提供途径；同时还需要政治意识的血肉来填补政治制度的骨架，使民主制度得以运行。由这一理论框架分析第三波民主化浪潮的教训，其原因就显得格外清晰。首先，由于缺乏民主的制度化，发展中国家的民主化并不稳定，民主制度土崩瓦解的情况屡见不鲜，它昭示了民主化的制度难题，成为新兴民主国家民主制度巩固与发展面临的第一重困境；其次，尽管民主制度得以建立，但是，既符合本国国情，又适应民主制度的政治文化却没有形成，它昭示了民主化的意识难题，成为民主化进一步发展面临的第二重困境。

二、综合推进的中国民主政治建设

著名的未来学家阿尔文·托夫勒（Alvin Toffler）在一次访谈中明确指出："鼓励创新与促进信息自由流通的机制以及法治应该在中国尽快确立起来。美国的民主政治不是唯一合理的制度，更不是最好的制度，'第三次浪潮'可能会带来一种新的政治形式。"① 事实上，托夫勒的预言正在被某些国家变为现实，"创造"了丰富多彩的民主模式，像"东亚式民主""南亚式民主""伊斯兰民主""非洲民主""管理民主""有指导的民主"等等，并且作为民主化过程的产物得到了人们的认同。②

其中，中国的民主政治建设格外引人注目。经过民主的制度化以及民主文化的培养过程，中国的民主政治建设逐渐形成了综合性的政治文明体系：既强调民主，又注重民主的制度化，进一步表现为民主与法治的均衡；既强调政治制度文明的核心地位，又注意到政治意识文明与政治行为文明的重要作用，进一步体现为三者的相辅相成，相互支援。也就是说，中国民主化的政治文明模式既注重民主制度化的硬环境，将民主参与保持在一定的秩序范围内；同时又注重公民文化的培养，为民主制度的健康运行提供了软环境，这构成了中国民主政治建设的两个重要维度，塑造了中国民主化的基本样式，同时亦是中国政治体制改革取得的成功经验。

同样作为发展中国家，20世纪晚期发展中国家的民主化浪潮所形成的成功经验与失败教训对中国有着重要的借鉴意义。当我们从政治文明的角度入手将发展中国家的民主同中国社会主义现代化进程相比较时，我们发现，自近

---

① 〔美〕阿尔文·托夫勒：《我对未来很乐观》，http：//www.southcn.com/it/itpeople/200111301024.htm。

② 丛日云：《当代世界的民主化浪潮》，天津：天津人民出版社1999年版，第15页。

代以来，我国民主政治进程逐渐由脱离法治转向与法治结合，走出了一条具有中国特色的政治文明之路。

从历史上看，民主与法治的不断发展为中国革命与建设提供了两条清晰的线索。从民主角度看，我国经历了从旧民主主义革命、新民主主义革命、社会主义革命到社会主义建设四个重要的发展阶段，最终确立了"建设社会主义民主国家"的目标。与这一条主线索相契合，我国经历了"君主立宪""国民立宪""民主立宪"和"依法治国"四个重要时期，最终确立了"依法治国"的基本方略。我们看到，中国近代以来的政治发展以民主与法治一明一暗两条线索共同编织了中国革命与建设的经纬。

当我们进一步考察民主与法治的关系时，我们会发现，自近代以来，中国民主与法治的发展是不均衡的：法治的发展要么是迫于革命的压力，成为应付革命的手段；要么是革命的成果，成为阶级力量对比的反映。可以说，法治建设在很长的时间里没有得到应有的尊重。缺乏法治正是中国近代政治发展进程中的一个痼疾，深刻地影响了民主制度的有序发展。人们认识到，"对宪政民主简单化理解和误读，对于法治作为宪政民主的前提性地位茫然无知，在客观上造成了实践过程中民主与法治发展的历史错位现象，其后果必然是'德先生'在中国的命运坎坷多艰"。①

---

① 麻宝斌：《论民主的法治前提》，《吉林大学社会科学学报》2001年第5期，第22页。

我们看到，强调法治在政治现代化过程中的作用，注重民主的法治化和法治的民主化正是我国民主政治得以健康发展的重要原因。就我国政治发展的方向来看，只有在人民当家作主的基础上实现依法治国，才能使我国走出发展中国家民主化的困境，走上政治现代化的道路。

在发扬民主的基础上，邓小平特别强调了民主的制度化与法律化。在《解放思想，实事求是，团结一致向前看》的讲话中，邓小平明确指出："为了保障人民民主，必须加强法制。必须使民主制度化、法律化，使这种制度和法律不因领导人的改变而改变，不因领导人的看法和注意力的改变而改变……"①

这成为我国民主化与法治化建设协调发展的一个起点。在此基础上，1982年宪法第一次确立了政治法制化的目标。在这一思想的指导下，政党法制化、人民代表大会法制化等一系列重要的改革取得成功，得出了政党要在宪法和法律的范围内活动、任何组织或者个人都不得有超越宪法和法律的特权等重要结论，为我国民主政治的巩固与健全提供了理论基础。民主的制度化、法律化构成了中国政治体制改革的起点，这为中国民主化模式提供了制度之维。改革开放以来，我们党逐渐吸取民主革命失败的教训，将政治体制改革的重点放到了民主的制度化与法治化建设上来。

---

① 《邓小平文选》第2卷，北京：人民出版社1994年版，第146—147页。

在法制建设不断发展的基础上,"依法治国"的理论也逐渐走向成熟。党的十五大明确地将"依法治国"确立为"党领导人民治理国家的基本方略",再一次突出了民主"制度化、法律化"的内涵。① 这一报告明确指出,"建设有中国特色社会主义政治,就是在中国共产党领导下,在人民当家作主的基础上,依法治国,发展社会主义民主政治。"② 这就进一步明确了我国政治建设的基本内涵,即在党的领导下实现民主与法治。

加强民主的制度化与法制建设的思想在中国共产党第十五次、第十六次全国代表大会的报告中均得到了体现和进一步的发展。党的十六大报告将坚持和完善社会主义民主制度、加强社会主义法制建设、改革和完善党的领导方式作为我国政治文明建设和政治体制改革的主要任务。③ 更为有意义的是,融合了民主与法治的"政治文明"概念被正式写入党章,并通过十届人大二次会议写入宪法,与物质文明、精神文明并列成为我国社会主义现代化建设的三大任务,这不但是经济体制改革、精神文明建设与政治体制改革统筹兼顾、科学发展的要求,同时也表明了我们党坚定不移地进行政治体制改革的决心,打造了民主化的制

---

① 《高举邓小平理论伟大旗帜,把建设有中国特色社会主义事业全面推向二十一世纪》,北京:人民出版社1997年版。
② 同上。
③ 《全面建设小康社会,开创中国特色社会主义事业新局面》,北京:人民出版社2002年版,第31页。

度之维。

党的十八届四中全会开创了全面依法治国的新篇章。人们更多强调十八届四中全会对法治建设的重要意义，这是不够的，我们还应该看到，十八届四中全会对中国政治体制改革的重要意义。全面深化依法治国，是民主政治建康发展的重要保障，同时，也是中国政治体制改革健康进行的重要保障，成为全面深化改革的重要基石。

事实上，中国模式的民主化进程已经积累了许多重要的经验，比如，中国特色的民主化道路选择、政治体制改革的渐进式思路、与经济体制改革协调的整体化方案等等，这些经验与强调民主的制度化、法律化，重视民主文化的培养构成了中国民主化道路的成功经验。然而，中国的民主化模式还是一个未竟的模式，仍然处于进一步发展的过程中，还有很长的路要走。

在民主制度化方面，随着我国政治体制改革的不断深入，民主的制度化也得到了巩固与发展。然而，如何进一步加强民主的制度化建设，形成健康的法治秩序还面临着巨大的挑战，如何进一步吸纳公民社会，加强参与，实现"善治"，转变政府职能等一系列问题涉及民主制度的巩固与扩大，这本身就既是制度改革的过程，同时又是观念转变的过程，同整个时代的进步联系在一起。在民主文化的建设方面，古为今用、洋为中用的文化创新思路已经奠定，新型的民主文化正在随着公民的成长而逐渐形成，然而，如何在强调本国特色，与传统文化相接榫的基础上进一步吸收人类政治文明发展的先进成果还不是一件一蹴而就的事情，对公民政治意识的准确把握不但缺乏细节实践，而且更少理论研究，这实际上可能会使已经形成的文化发展大战略受到影响。这些问题的解决必须也必将发扬政治文明，推动我国民主政治的进一步发展。

第四章　依法治国的历史贡献

中共十八届四中全会做出的《中共中央关于全面推进依法治国若干重大问题的决定》指出，十一届三中全会以来，我们党"提出了为保障人民民主，必须加强法治，必须使民主制度化、法律化，把依法治国确定为党领导人民治理国家的基本方略，把依法执政确定为党治国理政的基本方式，积极建设社会主义法治，取得历史性成就"。[①] 那么，如何理解这一历史性成就？

一、马克思主义法学理论的"空区"

不但德拉-沃尔佩学派的继承人鲁希欧·科莱蒂（Lucio Colletti）一口认定马克思主义缺少真正的政治学理论[②]，而且，法兰克福学派的第二代领军人物尤尔根·哈贝马斯（Jurgen Habermas）亦批评马克思主义缺乏一个令人满意的法学传统，存在"法学空区"。哈贝马斯断言，马克思除了

[①]《中共中央关于全面推进依法治国若干重大问题的决定》，北京：人民出版社2014年版，第3页。

[②] Lucio Colletti, *From Rousseau to Lenin*, New York: Monthly Review Press, 1972, p. 185.

"预计在'过渡时期'将不可避免地实行无产阶级专政以外,他无法想象别的建制形式"。①

西方马克思主义的开山鼻祖卢卡奇明确指出:"在历史上,直至此时,没有一个人,甚至列宁也不能从理论上阐述这样一个非经典的社会主义建设、即共产主义的准备阶段的关键问题"。然而,他却从当下的角度,将这些问题概括为:"在这一过渡时期的形态下,被号召来克服工业不发达的单纯经济实践,与意欲创造民主的无产阶级行动及制度等理想的社会主义内容之间的关系是什么?"而在这个问题上,他认为,就算是列宁也承认:"在马克思、恩格斯那里发现的以前的社会主义思想,没有也不可能给对经济发展与民主制度的发展之间建立联系的问题提供理论上的解答。"他把这视为一个"事实"。然而,他也看到:"经济与政治之间关系的问题,具有巨大的社会本体论的重要性,因为它显示出自由王国在本质上不同于经济的必然王国。它还表明自由王国只能在必然王国的基础上才能达到。"②

卢卡奇认为,马克思主义"法学空区"的出现,应该归因于俄国革命的"非经典体现"。卢卡奇认为,按照马克思的理解,俄国的无产阶级革命不是这一世界的历史性转变的一个"经典体现",因为马克思的预测是,这种革命必

---

① Jürgen Habermas, "What does Socialism Mean Today? The Rectifying Revolution and the Need for New Thinking on the Left," *New Left Review*, Sept./Oct., 1990, p. 12.

② George Lukacs, *The Process of Democratization*, State University of New York Press, 1991, p. 98.

须在发达资本主义国家首先爆发。而且,马克思设想这场无产阶级革命自身的性质将成为文明世界其余部分的典范。即使我们忽略革命的经典模式的次要特征,涉及我们的最重要的问题是在一个经济上并由此而在社会方面不发达的国家中社会主义的发展。列宁从不怀疑俄国的革命是不正常的,是与马克思主义的预言不完全一致的。①

但是,卢卡奇并不认为,这种不一致本身是一个错误。他问道:"如果我们接受这些结论,难道这不就证明伟大的十月革命暴力推翻资本主义王朝是一个错误吗?"他紧接着的回答是坚决的"不"。他解释说:"伟大的历史性决策、革命的转折点决不会如同一项学术研究一样以纯理论的方式出现。它们是选项的答案,其中,那些被鼓动的、关注日常生活以及重大政治问题的人民在催促着各党派及其领导者。"② 这样,卢卡奇认可了俄国革命的"非经典体现"的政治合理性,但是,他同时也认为,这场政治革命"没有克服真正的经济问题"。③

马克思突出了阶级、国家、革命等要素在政治中的地位,这毋庸置疑。然而,据此认为马克思主义的政治理论仅限于革命的理论,存在"法学空区",缺乏建设的内涵显然并不全面。早在1844年,在《关于现代国家的著作计划

---

① George Lukacs, *The Process of Democratization*, State University of New York Press, 1991, p. 94.

② Ibid., p. 95.

③ Ibid., p. 96.

草稿》中，马克思计划从11个方面对政治文明展开论述。①为分析方便，兹将全文收录如下：

（1）现代国家起源的历史或者法国革命。

政治制度的自我颂扬——同古代国家混为一谈。革命派对市民社会的态度。一切因素都具有双重形式，有市民的因素，也有国家的因素。

（2）人权的宣布和国家的宪法。个人自由和公共权力。

自由、平等和统一。人民主权。

（3）国家与市民社会。

（4）代议制国家和宪章。

立宪的代议制国家，民主的代议制国家。

（5）权力分开。立法权力和执行权力。

（6）立法权力和立法机构。政治俱乐部。

（7）执行权利。集权制和等级制。集权制和政治文明。联邦制和工业化主义。国家管理和公共管理。

（8′）司法权力和法。

（8″）民族和人民。

（9′）政党。

（9″）选举权，为消灭〔Aufhebung〕国家和市

---

① 《马克思恩格斯全集》第42卷，北京：人民出版社1979年版，第238页。

民社会而斗争。①

由于种种原因,马克思没有把这一写作计划变成现实,使我们无法完整地看到马克思政治文明理论的全貌。然而,从马克思已经完成和将要着手的理论工作来看,马克思并不是缺乏对现代政治文明的认识。在这部大纲中,马克思突出了权力与权利两个主题,其中,人权的宣布与选举权等内容构成了权利主题的两个方面,即政治权利与个人权利;而立法权力、执行权力、司法权力等内容构成了权力主题的三个方面,即立法、行政、司法等三个方面的权力。从权力和权利两个方面入手阐释了现代国家,体现了马克思政治观念的现代性特征。

仔细分析马克思的写作框架,我们会发现,马克思对现代国家的描述已经涵盖了政治文明的基本内容,直到今天仍然对我们研究政治文明有着重要的指导意义。透过这一体系,我们可以看出,除了强调国家与市民社会的分离等内涵外,马克思主义政治文明强调了民主、法治与政党等基本主题,并把这些主题作为马克思主义政治文明的基本框架。

我们看到,在这一写作计划中,马克思强调了民主的重要性,立法权力、选举权、代议制等主题均属于这一范畴。马克思曾经提出过两种民主形态,即"无产阶级民主"和"社会主义民主"。从革命的角度出发,马克思主义强调

---

① 《马克思恩格斯全集》第 42 卷,北京:人民出版社 1979 年版,第 238 页。

了民主与专政的共生性,这构成了无产阶级民主的基本形态;然而,马克思主义在此之外又提出了"社会主义民主",注重这一民主同生产力发展以及权利保障的关系。这种社会主义民主存在于阶级已经消灭的历史时期,旨在保护和巩固已经建立起来的社会主义生产关系,发展生产力;与此相适应,社会主义民主的专政要求也逐渐淡化,民主的主要任务变为扩大人民群众的民主权利,完善民主制度。① 从无产阶级民主向社会主义民主的转变体现了马克思主义对革命与建设的双重观照,而后者更能体现其建设政治学的精髓。

虽然我们无法得知马克思关于现代政治更多的结论,但是,我们看到,在这样一本为写作现代政治而设计的草稿中,马克思并没有提到专政,却多处强调了法治。其中,人权的宣布和国家的宪法、司法权力与法、代议制国家和宪章等内容基本上体现了马克思对法治的充分重视。在以往的著作当中,马克思更注重从批判的意义上分析资产阶级的法,典型地体现在《黑格尔法哲学批判》以及《共产党宣言》等著作当中。然而,在这一写作计划中,我们发现,马克思将人权与宪法、司法权力与法、民主与法联系起来,甚至还提到了权力分开的制度设计。从"专政"向"法治"的转变体现了马克思主义法治理论由革命向建设的

---

① 事实上,这里的"社会主义"更是一种"理论社会主义"。参见王沪宁主编:《政治的逻辑——马克思主义政治学原理》,上海:上海人民出版社1994年版,第327页。

转向。不仅如此，马克思还关注了民主与法治的关系，在第四部分突出了两个主题："立宪的代议制国家"和"民主的代议制国家"，体现了马克思对代议制国家的民主与法治给予的充分关注。这种关注在一定程度上表明了现代国家在政治制度方面的两个特性。

二、依法治国理论的初步探索

就社会主义国家政治制度建设进行初步探索与实践的是列宁。在社会主义政治体制的问题上，列宁强调了阶级斗争的作用，突出了专政的重要性。在列宁看来，专政是"直接凭借暴力而不受任何法律约束的政权"，而无产阶级的革命专政则是"由无产阶级对资产阶级采用暴力手段来获得和维持的政权，是不受任何法律约束的政权"。[①] 这常常被人们认为是专政与法治冲突的根源，甚至被一些人认为是列宁主义过时的重要依据。当然，这并不能理解为无产阶级在统治过程中不遵守法律，更不是说，无产阶级领导的国家中，政党、领袖和一般的公务人员可以不守法，而是强调了在夺取政权的过程中，专政对于法治的优先性。

完整地理解列宁的论述，我们看到，这里讲的是无产阶级政权，在当时的情况下，特指处于革命中的无产阶级政权，这个专政的主体，既不是"无产阶级专政的国家机关"，也不是"公职人员"。事实上，列宁非常重视法律的执行，不容忍任何"极小的违法行为"，认为法律"如果

---

① 《列宁全集》第35卷，北京：人民出版社1985年版，第237页。

不认真地执行，很可能完全变成儿戏而得到完全相反的结果。"①

毛泽东则从民主与专政的角度理解宪政。这种从专政的角度理解宪政，强调在革命的基础上建立起来的宪政法制体系我们称之为革命法制。革命法制以革命的宪法为核心，强调专政，是与革命相适应的法制形态。

在民主与宪政的关系上，毛泽东基本上认同了吴玉章的看法，认为所谓的宪政即"民主的政治""专政的政治"。他进一步指出："什么是新民主主义的宪政呢？就是几个革命阶级联合起来对于汉奸反动派的专政。"② 可见，在当时的历史条件下，毛泽东主要是从民主与专政关系的角度来理解宪政的。

这种宪政概念是毛泽东根据当时中国"革命尚未成功""尚无民主政治的事实"的基本国情提出来的。也就是说，革命法制是革命的后果。早在1940年，毛泽东就认为："世界上历来的宪政，不论是英国、法国、美国，或者是苏联，都在革命成功有了民主事实之后，颁布一个根本大法，去承认它，这就是宪法。"③ 在评价1954年宪法时，毛泽东进一步发展了他对革命法制的基本认识，即以宪法确认民主，从而实现宪政。据此，他认为，1954年宪法的原则性就体现在"用宪法这样一个根本大法，把人民民主和社会

---

① 《列宁全集》第37卷，北京：人民出版社1986年版，第365页。
② 《毛泽东选集》第2卷，北京：人民出版社1991年版，第733页。
③ 同上书，第735页。

主义原则固定下来"。① 这是毛泽东关于社会主义宪法的基本理解，即以宪法来确定民主革命成功的事实，这一认识构成了革命法制的理论基础。

群众运动式的"大民主"是革命法制的基础。在这里，毛泽东认为，所谓的"大民主"即轰轰烈烈的"群众运动"，它不但可以用来对付阶级敌人，而且可以对付官僚主义。事实上，革命的成功在某种程度上需要调动人民群众的积极性，实行所谓的"大民主"。然而，在革命成功之后还一味地强调民主的"大"而"纯"，不但不会推动民主化的发展，而且会在一定程度上掩盖法治的必要性，形成无视法制与秩序，甚至是排斥法制的民主。"文化大革命"就是一个明显的例子。

维护革命秩序，否认法制对权力的限制是革命法制的另一典型特征。毛泽东所谓的"守法"就在于"不要破坏革命的法制"，"我们要求所有的人都遵守革命法制"。② 事实上，强调无产阶级专政、社会主义民主与社会主义法制的高度一致性，在特定的历史时代起到了重要的作用。从法制方面讲，革命的爆发就是对旧的法制秩序的否定，就合法性而言，其基础"不是过去的法统，而是革命本身"。③ 在新的法制体系没有建立起来之前，在没有法制可

---

① 《毛泽东文集》第6卷，北京：人民出版社1999年版，第328页。

② 《毛泽东文集》第7卷，北京：人民出版社1999年版，第197—198页。

③ 夏勇：《中国宪法改革的几个基本理论问题》，载《中国社会科学》2003年第2期，第5页。

循的状态中，革命不会，也不能受旧法律体系的制约，试图在旧的法律体系中夺取政权常常是不切实际的幻想。而且，刚刚掌握政权的新兴阶级亦需要"用专政的手段来巩固政权"。① 由此，我们看到，在革命阶段或是革命初期，运用革命法制来夺取和掌握政权是有其合理性的。

然而，将宪政与民主或是专政等同起来，认为宪政即民主，既容易忽略对民主缺陷的补救，亦可能遮盖法制建设的重要性。在革命法制中，法治的精神被无情地"阉割"了，其造成的后果是严重的：一方面，公民通过民主制度的建立获得了进入国家领域的政治权利；另一方面，国家权力与公民社会之间的界限却没有划清，依法行政、保障公民权利的制度还没有建立起来。这种情况不但会在制度内部造成"参与爆炸"，滋生动荡与不安；还会使国家领域恶性膨胀，吞吃公民社会，粗暴地侵犯个人权利。由于无法整合民主与法治，中国的政治现代化在革命后的进一步发展中面临着这样一个困境：民主确立了，但保证民主制度稳定、健康运行的制度化与法律化体系却并没有扎根。

我们看到，与革命时代的特殊情况相适应，我国形成了革命法制。然而，当革命已经完成，时代主题发生重大变化后仍然坚持"革命法制"就会变得不合时宜。

三、依法治国理论的全面发展

革命的政权需要"革命法制"作支撑，然而，当革命

---

① 《邓小平文选》第3卷，北京：人民出版社1993年版，第379页。

基本完成，国家进入建设阶段时，确立法制地位，依法治国就成为首要任务。中国社会由"革命"向"建设"的转换成为我国由"革命法制"走向"依法治国"的根本动力。就这一区别，在中国共产党第八次代表大会的政治报告中，刘少奇曾就此有一段明确的论述：

> 在革命战争时期和全国解放初期……斗争的主要任务是从反动统治下解放人民，从旧的生产关系束缚下解放社会生产力，斗争的主要方法是人民群众的直接行动。因此，那些纲领性的法律是适合于当时的需要的。现在，革命的暴风雨时期已经过去了，新的生产关系已经建立起来，斗争的任务已经变为保护社会生产力的顺利发展，因此，斗争的方法也就必须跟着改变，完备的法制就是完全必要的了。①

刘少奇等老一辈无产阶级革命家已经看到，革命完成后，"斗争的方法也就必须跟着改变"，这一改变就是由"人民群众的直接行动"转向"完备的法制"。改革"革命法制"，这一过程实际上早在毛泽东时代就已经提出，它是在阶级矛盾基本得到解决，主要矛盾开始转向人民内部矛盾的情况下提出来的，经由"文革"的曲折发展，最终由以邓小平为核心的党的第二代领导集体完成。

随着我国社会由革命时代进入建设时代，我国的法制

---

① 《刘少奇选集》下卷，北京：人民出版社1980年版，第253页。

建设亦由"革命法制"进入"民主的制度化、法律化"时代。在发扬民主的基础上，邓小平特别强调了民主的制度化与法律化。在《解放思想，实事求是，团结一致向前看》的讲话中，邓小平明确指出："为了保障人民民主，必须加强法制。必须使民主制度化、法律化，使这种制度和法律不因领导人的改变而改变，不因领导人的看法和注意力的改变而改变……"① 在这里，邓小平不仅明确批评了"因领导人的看法和注意力的改变而改变"的人治思维，而且，更为重要的是，他在民主的基础上提出了"民主制度化、法律化"的重要命题。

邓小平在注重民主建设的同时强调了法制建设，强调了民主制度化、法律化的重要性，这成为我国民主与法制建设协调发展的起点。邓小平认为，民主与法治并不必然地结合在一起，存在着一种"不要法律和秩序的民主"，但这肯定不是社会主义的民主。民主与法制的紧密结合是社会主义民主的理想特征。"社会主义民主和社会主义法制是不可分的，不要社会主义法制的民主，不是党的领导的民主，不要法律和秩序的民主，决不是社会主义的民主。"②

这成为我国法制建设的关键时刻。在坚持民主的同时加强法制建设，成为邓小平处理民主与法制关系的基本出发点，同时也成为我国政治体制改革的"两只手"。③ 在这

---

① 《邓小平文选》第2卷，北京：人民出版社1994年版，第146—147页。
② 《邓小平文选》第3卷，北京：人民出版社1993年版，第359页。
③ 《邓小平文选》第2卷，北京：人民出版社1994年版，第189页。

一思想的指导下，政党法制化、人民代表大会法制化等一系列重要的改革取得了成功，我们党亦得出了政党要在宪法和法律的范围内活动、任何组织或者个人都不得有超越宪法和法律的特权等重要结论，为我国民主与法制良性协调发展提供了理论基础。

依法治国是以符合宪法规定的"小民主"为基础的。这种"小民主"抛开了盲目的群众路线，主张通过法制与说服的手段尽力化解群众中不同利益之间的冲突。邓小平认为，"小民主"为化解"大民主"提供了基础，正是有了"小民主"，才能避免"大民主"，保证稳定。从法制建设出发，邓小平还建议修改宪法，取消宪法中关于"大鸣""大放""大字报""大辩论"等"四大"的规定。

在邓小平理论的指引下，我国的法制建设在十一届三中全会以后获得了突飞猛进的发展。1982年《宪法》明确规定，"全国各族人民、一切国家机关和武装力量、各政党和各社会团体、各企事业组织，都必须以宪法为根本的活动准则，并且负有维护宪法尊严、保证宪法实施的职责。"1982年《宪法》明确规定了我国宪法的法律地位和作用，确立了政治法制化的目标，提高了宪法的权威与尊严，为我国法制建设的进一步发展奠定了基础。

我们看到，正是因为在加强民主建设的同时厉行法治，我国的政治体制改革才在推动发展的同时保持了稳定。从这个角度看，改革开放三十多年的社会主义政治文明建设的进程是一场民主化的进程，同时，它更是一场民主"制度化、法律化"的进程。据不完全统计，从1979年到1997

年的18年间,我国制定法律225部,有关法律问题的决定、决议87个,以宪法为基础的社会主义法律体系逐渐形成。

随着社会主义建设事业的发展,我国的法制建设亦不断深入。从"建设社会主义法制国家"到"建设社会主义法治国家"的转变突出了建设型法制的重要性,强调了宪法的至上性地位,正是我国法制建设走向"依法治国"的一个真实写照。"依法治国"理论的提出是以江泽民同志为核心的党中央对邓小平理论进行运用、丰富和发展的结果,它标志着我国社会主义法制建设进入了一个新的发展阶段。"依法治国"的理论集中地体现在江泽民总书记在党的十五大所做的报告中。报告指出:

> 依法治国,就是广大人民群众在党的领导下,依照宪法和法律规定,通过各种途径和形式管理国家事务,管理经济文化事业,管理社会事务,保证国家各项工作都依法进行,逐步实现社会主义民主的制度化、法律化,使这种制度和法律不因领导人的改变而改变,不因领导人的看法和注意力的改变而改变。①

党的十五大明确地将"依法治国"确立为"党领导人民治理国家的基本方略",再一次突出了民主制度化、法律化的基本内涵。九届人大二次会议以高票通过宪法修正案,将"依法治国"写入宪法,以根本大法的形式确立了法制

---

① 《高举邓小平理论伟大旗帜,把建设有中国特色社会主义事业全面推向二十一世纪》,北京:人民出版社1997年版。

建设的重要性。

通过依法治国把坚持党的领导、发扬人民民主和严格依法办事统一起来，这是我们党对政治文明建设协调发展的系统性概括。十五大报告明确指出，"建设有中国特色社会主义政治，就是在中国共产党的领导下，在人民当家作主的基础上，依法治国，发展社会主义民主政治。"随着我国民主与法制建设的不断发展，中国共产党的领导人适时地提出了政治文明的概念，进一步将民主与法治整合在一起，将我国政治体制改革的目标提到了一个新的高度。在2001年1月全国宣传部长会议上，江泽民明确地将"法治"作为政治文明的重要组成部分；在十六大前夕，江泽民更是在5月31日的讲话中明确地将建设社会主义政治文明作为我国社会主义现代化建设的重要目标，并再一次重申了"坚持党的领导、人民当家作主和依法治国"三位一体的政治文明内涵。①

民主与法治协调发展的精神在中国共产党第十六次全国代表大会的报告中得到了充分的体现。该报告明确地将坚持和完善社会主义民主制度、加强社会主义法制建设、改革和完善党的领导方式作为我国政治建设和政治体制改革的主要任务。②更有意义的是，融合了民主与法治的"政治文明"概念被正式写入党章，并通过十届人大二次会议

---

① 江泽民：《江泽民"5·31"重要讲话学习读本》，北京：中共中央党校出版社2002年版，第5—6页。

② 《十六大以来重要文献选编》（上），北京：中央文献出版社2005年版，第24页。

写入宪法，与物质文明、精神文明并列，成为我国社会主义现代化建设的三大任务。这不但是经济体制改革、精神文明建设与政治体制改革统筹兼顾，科学发展的要求，同时也表明了我们党坚定不移地进行政治体制改革的决心。十六大进一步巩固了自十一届三中全会以来形成的民主与法治均衡发展的局面，为进一步健全和完善"依法治国"打下了基础。

十八大以后，习近平同志自2012年以来的一系列讲话中，又明确提出和强调了坚持依法治国、依法执政、依法行政共同推进的思路，将法治国家、法治政府和法治社会作为一个整体推进的战略，勾画了"法治中国"的图景。十八届三中全会《中共中央关于全面深化改革若干重大问题的决定》指出，"建设法治中国，必须坚持依法治国、依法执政、依法行政共同推进，坚持法治国家、法治政府、法治社会一体建设"，这成为法治中国建设的指南。① 在此基础上，中共十八届四中全会在中国共产党93年的历史上首次以"依法治国"为主题，审议通过了《中共中央关于全面推进依法治国若干重大问题的决定》。在这份纲领性文件中，我们党再次规划了执政党依法治国的路线图，提出了全面推进依法治国，"建设中国特色社会主义法治体系，

---

① 《中共中央关于全面深化改革若干重大问题的决定》，《中国共产党第十八届中央委员会第三次全体会议文件汇编》，北京：人民出版社2013年版，第50页。

建设社会主义法治国家"的总目标。①

四、依法治国理论的历史贡献

从"革命法制"出发，中经"民主制度化、法律化"，中国的社会主义法治国家建设，最终落脚在"依法治国"理论。这一过程，不仅伴随着中国从旧民主主义、新民主主义向社会主义民主转变的过程，而且亦成为中国改革开放的一个标志性成果。如果我们把这一历史进程放到马克思主义理论发展的历史长河中审视，我们会发现，依法治国理论不仅总结了中国法治国家建设的实践过程，而且亦极大地丰富了马克思主义理论，对马克思主义理论的发展做出了历史性贡献。

依法治国理论是马克思主义中国化的重要成果。我们看到，马克思已经突出了现代政治的政党性，强调民族、人民等重要问题，并从其总的倾向出发保持了政治和政治学的革命性。就其基本纲要以及散见于《马克思恩格斯全集》各处的论述来看，马克思主义政治理论一直贯穿着一条民主、法治的线索，而政党、民主、法治的问题则成为其制度设计的核心。马克思主义理论的这一内容在中国的革命与建设实践当中得到了不断的丰富，在理论上与我国经过三十多年政治体制改革最终形成的"党的领导""人民当家作主"与"依法治国"有机统一的基本命题亦形成了

---

① 《中共中央关于全面推进依法治国若干重大问题的决定》，北京：人民出版社2014年版，第4页。

对照。当然，这一历史进程是复杂的，经过马克思主义法学理论的初步探索，经过民主的制度化、法律化，党要在宪法和法律规定的范围内活动，最终确立了依法治国的国家治理体系。这一过程，是马克思主义法学理论中国化的过程，同时，也正是在这一历史过程当中，我们发现了依法治国理论对马克思主义理论的历史贡献。

依法治国理论实现了对革命法制的突破，建立起了与改革开放相适应的政治、法律体制。在中国法制的早期探索中，更多地强调了以阶级斗争、专政、群众运动等为核心建立起来的革命秩序，体现为一种"革命法制"。在主体上，这种法制会更多强调阶级，尤其是无产阶级的领导；在内容上，这种法制更多强调了专政，尤其是在无产阶级领导下的人民民主专政；在方式上，革命法制是以群众运动式的"大民主"为基础，维护革命秩序，对我国社会主义革命的完成起到了重要的作用。在革命法制体系当中，人们更多关注民主与专政；但在依法治国的体系当中，人们更多关注的是民主与法治。虽然两者都强调党的领导，但是，在具体含义上，两者有着明显的不同。在革命法制当中，党的领导是不受法制约束的；但在依法治国的理论体系当中，党也要在宪法和法律允许的范围内活动。这些都是"依法治国"理论对"革命法制"在理论上的历史贡献。

依法治国理论更新了马克思主义法学理论的一些基本命题。依法治国不仅全面丰富了马克思主义的政治实践，而且也在理论上获得了一系列的创新与突破。中国共产党要在宪法和法律规定的范围内活动，民主的制度化、法律化，党的领导、人民当家作主与依法治国有机统一，坚持依法治国、依法执政、依法行政共同推进等重要的理论，都是对马克思主义法学理论的重大突破，同时也丰富了马克思主义法学理论。

依法治国理论更新了马克思主义法学理论的话语体系，从根本上填补了所谓的马克思主义"法学空区"。因为面临着无产阶级革命的任务，马克思主义的经典作家还是将关注点更多地放在了阶级、专政、夺权等一系列革命话语体系中。但是，经过革命法制到依法治国的转变，这套话语体系得到更新，人们将更多的注意力集中在公民、民主、法治、发展、稳定等主题上。

我们看到，马克思主义法学理论的建立经过了以马克思、恩格斯为代表的理论初创阶段和以列宁、毛泽东等人为代表的实践探索阶段，发展到以邓小平、江泽民、胡锦涛、习近平等人为代表的改革开放时期，中国的法制建设也逐渐由革命的法制过渡到建设的法制，并最终确立为"依法治国"的理念，在十八届四中全会上得到全面的发展。中国依法治国的理论与实践极大地丰富了马克思主义法学理论，填补了所谓的马克思主义"法学空区"，成为马克思主义中国化过程中的创造与贡献。

逻 辑 编

第五章　权利的复合制度化及其内在逻辑

在《法的形而上学原理》一书中，康德提出了"国家的福祉"，即"国家最高的善业"，也是康德要"为之而奋斗"的目标。他指出：

> 国家的福祉，作为国家最高的善业，它标志着这样一种状态，该国的宪法和权利的原则这两者之间获得最高的和谐。这种状态也就是理性通过绝对命令向我们提出的一项责任，要我们为此而奋斗。①

在这里，康德指出的"宪法和权利"之间的"最高的和谐"实际上就是"自在"存在的权利与"自为"存在的权利之间的和谐，康德以最明白晓畅的语言提出了权利制度化的最高要求，反映了近代西方权利文明的最高成就。可以说，整个西方以权利为核心展开的制度文明都是权利

---

① 〔德〕康德：《法的形而上学原理——权利的科学》，沈叔平译，北京：商务印书馆1991年版，第146页。

的原因与权利的结果之间制度化及其内在紧张的结果。它不但表现为权利的民主化,还表现为权利的法治观,从而表现为复合制度化的样式。① 权利的复合制度化及其内在紧张为宪政民主制度的理性筹划提供了基础,从而深刻地影响了西方政治文明的基本内涵。

一、权利的民主化

在中文语境中,人们很难从语音中区分"权利"与"权力",并且常常在行文中将两者混淆;同样有意思的是,在古代罗马,人们用"jus"一词来表达"权利"与"法"等多重含义,这一特征直到今天还体现在许多西方语言中。例如,在法语、德语以及意大利语等语言中,"权利"与"法"这两个重要的概念就是用一个词来表达的。②

西方传统政治文化中权利与法的这种语义学同构深刻地影响了近代西方政治思想的发展。在格劳秀斯那里,法律只是权利一词的第三种意义。在《战争与和平法》一书

---

① 此处所用的权利民主化与法治化有着特定的内涵。权利的"民主化"指以"自在"形式存在的权利经过立法程序得以制度化的过程;权利的"法治化"则指对基本权利的确认采取宪法的形式,由法院以司法程序加以保护的过程。

② 拉丁文"jus(ius)"一词成为人们研究"权利"及其与"法"关系的关键词。德文中的 recht、法文的 driot 以及意大利文中的 diritto 均兼有"权利"和"法"的双重含义。〔荷〕斯宾诺莎:《政治论》,冯炳昆译,北京:商务印书馆 1999 年版,第 9 页译者注;〔德〕康德:《法的形而上学原理——权利的科学》,沈叔平译,北京:商务印书馆 1991 年版,第 39 页脚注。

中,格劳秀斯指出:

> 权利一词还有第三种重要的意义,在这里,它与法律同义。就其最广泛的意义来看,它指示的是一种道德行为的规则,责成我们去做那些正当的事。我们说这是自我约束。因为即使是最好的忠告或是诫命,如果我们没有义务服务它们,它们都不能称之为法律或是权利。①

在康德那里,"权利"与"法"的概念是在同构的意义上使用的。康德的权利哲学亦是法哲学,他将私人权利等同于私法,而将公共权利等同于公法。康德的《法的形而上学原理》一书另有一书名《权利的科学》。② 在《法的形而上学原理》一书中,中译者沈叔平特别指出,康德关于"什么是权利?"的内容"可以理解为'什么是法律?'"③ 同一英译者在翻译康德的著作时,常常将同一个词翻译为 right 或 law。英译者的同样问题发生在黑格尔、马克思等人的著作中。黑格尔的《法哲学原理》在英文译者那里亦有两种译法:一译为 Philosophy of Law,相当于中译本《法哲

---

① Hugo Grotius, *On the Law of War and Peace*, translated by A. C. Campbell, A. M., Batoche books Kitchener, 2001, p. 9.

② 〔德〕康德:《法的形而上学原理——权利的科学》,沈叔平译,北京:商务印书馆1991年版。

③ 同上书,第39页。

学原理》;另有一译为 Philosophy of Right,即译为《权利哲学》。①

同一德文单词在相差如此之大的两种意义上使用所造成的混乱并非译者之责,反而体现了德国政治文化传统的一种个性。权利与法在语义学上的同构显露了权利制度化的基本方式,成为西方传统法律文化、政治文化一个引人注目的特征。我国学者顾准曾经对比过中西两种法文化,他指出:"中国历史上的法,是明君治天下的武器,法首先是和刑,而不是和权联在一起的。可是取法希腊精神的罗马法,以及继承罗马法传统的欧洲法律,法首先和权联在一起"。② 就观念与制度的互动来看,法与权利的同构具有特殊意义,即从主观观念上看,是权利,为法治提供了文化基础;从客观制度上看,是法律,它为权利提供了政治保障。

"权利"与"法"的语义学同构明确了权利与法之间的勾连。康德将客观意义上的法与主观意义上的权利结合起来,使这一概念具备了更充实的内容与含义。③ 这种情况

---

① 比较权威的英文译本为 G. W. F. Hegel, *Philosophy of Right*, Translated by T. M. Knox, Oxford: Clarendon Press, 1965. 另有 G. W. F. Hegel, *Philosophy of right*, Translated by S. W. Dyde. Kitchener, Ont.: Batoche, 2001. 均将该书译为《权利哲学》。

② 顾准:《顾准文集》,贵阳:贵州人民出版社1994年版,第316页。

③ 〔德〕康德:《法的形而上学原理——权利的科学》,沈叔平译,北京:商务印书馆1991年版,第146页。

在黑格尔那里获得了明确的表述。在《法哲学原理》一书中，黑格尔明确地区分了法与权利的两种存在状态，他指出，"法律就是权利，即原来是自在的权利，现在被制定为法律"。①

事实上，在传统西方世界，权利与法律的联系就已经被人们认识到了。例如，西塞罗就已经开始倾向于将权利②与法律分开，认为权利（jus）常常是高于法律，是法律的指导；而法律则是这种"法"的具体化，是"法"在现实生活中的表现形式。西塞罗指出，"权利之源可以在法律那里得到体现，因为法律乃是自然的力量，审慎之士的智慧

---

① 〔德〕黑格尔：《法哲学原理》，范扬、张企泰译，北京：商务印书馆1961年版，第227页。原文为"法律就是法，即原来是自在的法，现在被制定为法律"，德文中权利与法是同一个词（recht），很难判断。尽管如此，从该段的前后文来看，黑格尔主要讲权利与法的关系，并且下文主要讲到所有权，因此，我们认为，这里黑格尔主要指权利。郁建兴亦做此译法，参见郁建兴：《自由主义理论批判与自由理论的重建——黑格尔政治哲学及其影响》，上海：学林出版社2000年版，第180页脚注。

② 拉丁文原文为"jus"，有"权利""正义""法"等多重含义。英译者将其译为"justice"，有"正义"之谓。Cicero, *On the Commonwealth and On the Laws*, edited by James E. G. Zetzel, Cambridge：Cambridge University Press, 1999, 中译者王焕生根据拉丁文原文将其译为"法"，符合中国传统的译法。〔古罗马〕西塞罗：《论共和国　论法律》，王焕生译，北京：中国政法大学出版社1997年版。中译者沈叔平和苏力根据英文将该词翻译为"正义"。〔古罗马〕西塞罗：《国家篇　法律篇》，沈叔平、苏力译，北京：商务印书馆1999年版，第152页。尽管本文作者承认罗马社会的"jus"与近代西方的"权利"有着本质的区别，但是本文还是将其译为"权利"，以便与后来权利的发展实现对接。

与理性，它区分了正义与非正义"。①

尽管权利观念在西方历史上源远流长，但中世纪的权利常常只限于主观权利，并没有明确而经常地与客观意义上的"法"联系起来，直到马基雅维里（Nicolo Machiavelle）时，这种观点亦并没有确立起来，而且人权的观念在《李维史论》这样的著作中根本就没有出现。②

"人权"观念及其制度化是现代化的结果。以法的客观形式体现权利的主观内涵是权利制度化的开始，由此而引发的是自然权利向法律权利过渡。我们看到，在这一过程中，传统西方自然与约定之争逐渐向约定倾斜，显露出世俗性的特征，它以人为主体完成了政治世俗化，早先还在自然、上帝那里的合法性过渡到了人的手里。当代著名政治思想家阿伦特（Hannah Arendt）指出：

---

① Cicero, *On the Commonwealth and On the Laws*, edited by James E. G. Zetzel, Cambridge: Cambridge University Press, 1999, p. 112. 王焕生原译文为"法（jus）的始端应导源于法律，因为法律乃是自然之力量，是明理之士的智慧和理性，是合法和不合法的尺度。"参见〔古罗马〕西塞罗：《论共和国 论法律》，王焕生译，北京：中国政法大学出版社1997年版，第190页。本文认为这里存在着误译，因为根据西塞罗的政治思想来看，"法律"应该是"法"的体现，是前者导源于后者，而不是后者导源于前者。沈叔平、苏力译本译文为"正义的来源应在法律中发现，因为法律是一种自然力；它是聪明人的理智和理性，是衡量正义与非正义的标准。"〔古罗马〕西塞罗：《国家篇 法律篇》，沈叔平、苏力译，北京：商务印书馆1999年版，第152页。本文根据商务印书馆的中译本及英译本作了改动。

② Quentin Skinner, The Paradox of Political Liberty, see *The Tanner Lectures on Human Value*, vol. VII, edited by S. McMurrin, Salt Lake City: University of Utah Press, 1986.

十八世纪末的《人权宣言》是一个历史转折点。它的意义在于，从此以后，法律的来源不是上帝的命令，也不是历史的风俗，而是人。《人权宣言》无视历史赐予某些社会阶层或某些民族的特权，显示了人从一切监护下的解放，宣布了他的时代的到来。①

从理论来源上看，自然权利是自然法的现代形式，它契合了近代西方政治理论预设的由自然状态进入市民社会的过程，以抽象的思辨和假设证明自身。然而，当这种抽象的自然权利进入制度化层面时，不证自明的论证方式显然需要成本越来越高的文化认同，它必须接受民主协商的检验，并符合现代法治国家的形式要求。

权利制度化的进程使得权利的论证方式发生了变化，成为权利观念现代化的先声。黑格尔认为，正是约定，使得抽象意义上的权利变为"实存的普遍意志和知识中的定在"。他指出：

> 正像在市民社会中，自在的权利变成了法律一样，我个人权利的定在，不久前还是直接的和抽象的，现在，在获得承认的意义上，达到了在实存的

---

① 〔美〕汉娜·鄂兰：《极权主义的起源》，林骧华译，台北：时报文化1995年版，第412页。

普遍的意志和知识中的定在。①

这样，权利采取了法律的形式从而成为自为的定在。因此，在黑格尔那里，权利的进程"必须由法律来规定，同时它们也就构成理论法学的一个本质的部分"。② 法律的形式越是与权利的要求相吻合，它就越具有合法性；这种合法性甚至反过来对权利构成影响，即：正是因为权利具备了通过法制化的手段赋予个体以自由，权利才得以从抽象的原则推演到具体的规定。

以民主化的方式确认权利，不但体现在法治观念中，同时亦通过观念贯彻到政治实践当中，体现在近代的人权立法运动中。就美国来看，我们不但可以从1787年宪法、《联邦党人文集》这样的经典文件中发现权力制度化的传统，同时，我们还可以找到权利制度化的传统。这一传统早在美国取得独立之前就已经深深地镌刻在北美13州人民的心中，那就是被马克思称为"第一个人权宣言"的《独立宣言》。在这一堪与《大宪章》媲美的宣言中，杰斐逊代表殖民地人民庄严地宣告：

> 我们认为，这些真理是不言而喻的，人人生而平等，造物主赋予他们内在的、不可转让的权利；

---

① 〔德〕黑格尔：《法哲学原理》，范扬、张企泰译，北京：商务印书馆1961年版，第226页。原文为"……自在法变成了法律一样……"根据上下文，此处译为"权利"为妥。

② 〔德〕黑格尔：《法哲学原理》，范扬、张企泰译，北京：商务印书馆1961年版，第231页。

在这些权利当中,包括了生命、自由、追求幸福的权利。①

短短的几句话,已经成为经典。然而,有两处似乎是错误,这引起了人们的广泛争论。

其一,尽管当时英语中最常见的用法是"不可剥夺的"(unalienable),而杰斐逊却使用了"不可转让的"(inalienable)一词。② 有人认为是误用,但有人却认为,是杰斐逊故意变换了用法,从而使权利的主体具有更多的主动意味。仅仅一个前缀的差别,它透露了这就使权利具备了双重意义:它不但是免除了外在的强制性,而且还具备了积极争取的主动性内涵。

其二,比照被誉为资本主义圣经的《政府论》,杰斐逊没有提及被洛克再三强调的财产权,而是用"追求幸福的权利"来代替它。就这一改变,有人认为是杰斐逊拙劣地抄袭了洛克,亦有人认为这只是一时的疏忽。然而,美国史学家埃里克·方纳却认为这一改动"将这个国家的命运与一个无限定的、民主的过程联系起来了,通过这个过程,

---

① Thomas Jefferson, Declaration of Independence as originally written by Thomas Jefferson, 1776. Thomas Jefferson, *The Writings of Thomas Jefferson* edited by Lipscomb and Bergh, vol. 1, Washington, D. C., 1903-1904, p. 29.

② Gary Wills, *Inventing America: Jefferson's Declaration of Independence*, Garden City, New York: Doubleday, 1978, p. 370. 达尔亦赞同这一点。Robert Dahl, *A Preface to Economic Democracy*, Cambridge: Polity Press, 1985, p. 21.

个人发展自己的潜力,实现自己生活中的目标。"①

  细节的分析可能并不能令人信服,但是,我们却能从中解读出这一宣言的微言大义。杰斐逊"不言而喻"式的论证方式显然暗合了自然权利的传统,然而,他同时也突出了权利的获得性,凸显了权利的民主化过程。杰斐逊的论证方式已经成为一种美国式的思维,他的名字与民主"最经常、或最密切地联系在一起","他的话仍然被人满怀信心地引用,在考虑几乎一切政治问题时都获得重视"。②

  就近代西方政治文明的进程来看,成功的资产阶级几乎无一例外地推动了权利民主化的进程,即通过民主程序实现自然权利向法律权利的过渡,从而使主观权利获得了客观法的外在形式。17、18世纪的西方各国均在不同程度上经历了这一过程:英国于1628年通过《权利请愿书》、1676年通过《人身保护权公约》、1689年通过《权利法案》;美国于1776年由弗吉尼亚州通过《权利法案》、1791年通过《人权法案》;法国于1789年通过《人权与公民权宣言》。……为了保护资产阶级的公共领域不受国家的过度侵害,宪法规定了基本权利的条款。《人权宣言》《权利法

---

  ① 〔美〕埃里克·方纳:《美国自由的故事》,王希译,北京:商务印书馆2002年版,第46页。就这一改动,学者们存在着不同意见,罗森鲍姆即持反对态度,他从洛克角度出发,认为并不是幸福不可追求,而是"宪法不应当规定人的终极目的,甚至不可能建议人们追求什么样的终极目的"。参见〔美〕阿兰·S. 罗森鲍姆编:《宪政的哲学之维》,郑戈、刘茂译,北京:生活·读书·新知三联书店2001年版,第25页。

  ② 〔美〕梅里亚姆:《美国政治学说史》,朱曾汶译,北京:商务印书馆1988年版,第77页。

案》等"第一批宪法"的基本权利条款成为"自由主义资产阶级公共领域模式的写照"。①

不仅如此,权利民主化的进程还从根本上更新了权利的内涵,从而使民主权利,甚至经济与社会权利获得承认,具备了法的形式。权利结构并不是一成不变的,民主化亦不断地丰富权利的内容,使权利得以形成一个动态发展的体系。不但生命、自由、财产等权利得以制度化而成为基本权利,而且平等的政治权利,政治参与、政治沟通的权利,甚至是受教育的权利,劳动的权利也逐渐得到承认。正是因为引入了民主的积极力量,人们才更好地在不断变化的环境中实现了权利的制度化及其更新,从而使民主宪政成为一项能够自我修正的开放事业。

英国的权利发展史印证了这样一个过程,第一次议会改革之后,英国即以现代形式确立了法律权利;接下来,出现了政治权利,并在19世纪得到全面的扩展。到1918年,英国承认了普遍公民权原则。社会权利的承认虽然几经波折,甚至面临被否决的危险,但还是在20世纪取得了与公民权利中其他两个方面平起平坐的地位。②

二、权利的法治化

考察权利不断发展的历史,我们发现,自18世纪开始

---

① 〔德〕哈贝马斯:《公共领域的结构转型》,曹卫东等译,上海:学林出版社1999年版,第255页。

② T. H. Marshall, Citizenship and Social Class, *Contemporary Political Philosophy, An Anthology*, edited by Robert E. Goodin and Philip Pettit, Oxford: Blackwell Publishers Ltd, 1997, p. 299.

的权利民主化进程本身就是自然权利不断衰落并成为历史的进程。在当代西方学术界，自然权利的概念无可挽回地成为历史，为诸如"基本权利""宪法权利"等概念所取代。权利的民主化推动了权利的发展，但同时亦埋藏着潜在的危险，那就是完全以约定取代自然，将基本的权利交由立法机关以及其他部分进行认定可能会使权利受功利的检查，或者受制于当下多数人的意志，从而使权利的规定失去正义与公平的准则。

这一担心绝非杞人忧天。权利的民主化并非易事，其过程本身不但需要高度的理性，而且必须得到谨慎的公共协商。即便如此，人们仍然有理由对这一过程保持警惕。自然存在的正义观念或权利是法律的基础，然而，两者不可能做到完全吻合；并且，后者的变化亦很难做到与前者同步，由此而造成的冲突正是权利制度化过程的内在张力。权利的民主化存在底线，而其本身具有工具性质。法权一体的政治文化传统表达了由自然权利向法律权利过渡的强烈冲动，这种理想化的模式并不是无可挑剔的，过于强调"权利—法"的一体化不但否认了权利民主化的结果与原因之间的紧张状态，而且还会使权利观念丧失革命性，无法实现权利的自我更新。

权利制度化的危险与内在要素之间的紧张最初表现为

"自然"与"约定"①的冲突。古代希腊的悲剧作家索福克利斯最早提供了自然与约定冲突的例子。当克莱昂指责安提戈涅将其哥哥下葬违反法律时,安提戈涅以上天或是自然的公道对抗实在法,做出了自己的申辩:

> 是呵,这些法律并非宙斯制定,
> 而她和诸神并立为王位居宙斯之下,
> 公道,不是出于这些人类法律的规定。
> 我不认为你,一个尘世的凡人,
> 能够一下就取消和践踏
> 上天不可改变的不成文法。
> 上天法律的存在并非一天两天;

---

① 在《政治学说史》的中译本中,中译者将其译为"常规"。〔美〕萨拜因:《政治学说史》上册,盛怀阳、崔妙因译,北京:商务印书馆1986年版。英文原文此词为convention(有约定、规定、常规、习俗、大会、公约等多种意义。George H. Sabine, *A history of political theory*, New York: Henry Holt and Company, 1950, p. 29. 本书认为,译为"约定"更合适。施特劳斯认为,自然的发现"导致将'方式'或'习惯'一分为二,一方面归入'自然'(physis),另一方面归入'约定'(convention)或'法律'(nomos)"。他高度评价了这一区别的作用,认为这种区别"对于古典政治哲学乃至大部分政治哲学来说是十分重要的……"参见〔美〕施特劳斯、克罗波西:《政治哲学史》上册,李天然等译,石家庄:河北人民出版社1993年版,第3页。艾德勒则从自然主义与实证主义两个角度出发揭示了类似的法律与正义的关系。参见〔美〕艾德勒:《六大观念》,郗庆华译,北京:生活·读书·新知三联书店1998年版,第238—239页。泰格和利维在合著的《法律与资本主义的兴起》一书中亦认为,立意构想而成的法律是在技艺方面已进展到显示出具体与抽象、自然规范、physis(自然)与nomos(规范、法律)之间的差别的时候。参见泰格、利维:《法律与资本主义的兴起》,纪琨译,上海:学林出版社1996年版,第268页。

它们永不消亡；也无人知道它们何时起源。①

以自然法对抗实在法，这一申辩可能并不是最早的一个，但却是最为醒目的一个，它为所有现实批判提供了一则"公式"，声称某种超越于实在法之上的权利在西方构成了一个重要的传统。这一公式由自然法的伟大传统保存下来，不但在古代希腊社会不断再现，而且在古代罗马和中世纪扮演了不可替代的角色。在中世纪的历史当中，这一理论传统得到了来自教会与国家、国王与贵族等多个两分法的支持，从而构造了中世纪西方社会的多元权利格局。中世纪的政治理论认为，"财产制度根植于与国家无关的、直接从纯粹的自然法中引申出来的法之中，根植于国家还没有出现之前就已存在的法之中。由此可以得出这样的结论，凭借这种制度而获得的各项具体权利，绝不是仅仅依赖于国家才存在的"。②

如果说权利超越权力构成西方的传统，那么，在西方政治现代化的过程中，这一传统完成了现代化，它使权利超越了民主。在权利民主化的过程中，人们始终保持着对权利制度化危险的清醒认识。与权利制度化过程相伴随的，还存在着一条权利非民主化的过程，即将民主从权利的视野中移开，通过道德的、抽象的、普遍的论证方式论证权利的合法性。

---

① 参见〔美〕萨拜因：《政治学说史》上册，盛怀阳、崔妙因译，北京：商务印书馆1986年版，第53页。

② 张文显：《二十世纪西方法哲学思潮研究》，北京：法律出版社1996年版，第14页。

声称某种超越权力而存在的权利使权利的制度化形成了多元渠道,为权利的复合制度化提供了观念基础。这典型地体现在霍布斯的政治思想当中。霍布斯明确地区分了权利与法,这使他在"权利"与"法"的语义学分析中成为一个特例。霍布斯倾向于将权利与法分开并批评那些将"权利"与"法"混同起来的人"不严格看重言辞力量"。他明确地指出:

> 自然法(lex naturalis)是理性发现的规则或一般惯例,通过它,人们被禁止去做毁灭他自己生命或是取走自我保存的工具的事,或是忽略而不去做他自认为最有利于自我保存的事。当他们谈论起这一主题时,他们常常将权利与法律(jus and lex)相混淆,然而,他们之间是应该判然分立的,因为权利在于做某事或是克制的自由;反之,法律却决定并禁止他们中的某人。因此,法律与权利的区别就像义务与自由的区别一样,两者在同一事物中是矛盾的。①

权利与自由是同义的,而法律却与权利对立。在另一代表作《论公民》一书中,霍布斯再一次在权利与法之间

---

① Thomas Hobbes, *Leviathan*, 1651, Beijing: China Social Science Publishing House, 1999, p. 99. 网络电子文本参见:http://www.history1700s.com/etexts/html/texts/pre1700s/leviatha.txt。中译文参见〔英〕霍布斯:《利维坦》,黎思复、黎廷弼译,北京:商务印书馆1985年版,第97页。该中译文一般性地以"权"翻译"right",容易引起"权力"与"权利"的误解。本文参照英文原文略作改动。

做出区分：

> 权利是一种自然的自由，非由法律产生，却可以因法律而得以保存。去除了法律，就有完全的自由。自由首先是受自然法和神的律法的限制，接下来还要受公民法的限制；而公民法所通过的东西还可以被特定的城市和共同体的决定所限制。这样，在法律和权利之间就存在着巨大的差别，因为法律是一种约束，而权利则是一种自由，它们的不同是作为对立面的不同。①

事实上，霍布斯在权利与法律之间所做的这种区分正是自古希腊以来自然与约定之争的另一个方向。尽管权利与法律常常被人们不加区别地使用，但两者不但是判然分立的，而且亦存在着冲突。在承认权利与法关系密切的同时，霍布斯保持了对权利制度化的警惕，同时亦申明了权利制度化的基本原则。

霍布斯的警惕表现在杰斐逊那里就是这样一个判断："所有的自然权利在法律的实践中都会被削减或是被管制"。② 这种观念在美国宪法中以现代的政治语言体现出来，即宪法修正案第九条这样的规定："本宪法列举之若干权利

---

① Thomas Hobbes, *On the Citizen*, edited by Richard Tuck and Michael Silverthorne, Cambridge: Cambridge University Press, p. 156.

② Thomas Jefferson: Opinion on Residence Bill, 1790. Thomas Jefferson, *The Writings of Thomas Jefferson* edited by Lipscomb and Bergh, Washington, D. C., 1903-1904. Vol. 3, p. 64.

不得解释为对人民固有之其他权利之排斥或轻忽之意"。

权利制度化存在的危险是早期宪政发展史上一个引人注目的话题。在美国,人们曾就人权入宪进行过激烈的争论。联邦党人,尤其是汉密尔顿并不认为人权有写入宪法的必要。因为在他们看来,自然权利是不言而喻的,在政府成立之前就已经存在,并且不受任何权力,包括民主权力的检查。汉密尔顿就曾指出:"人权法案,从目前争论的意义与范围而论,列入拟议中的宪法,不仅无此必要,甚至可以造成危害。"①

正是对权利民主化这一应有的警惕使得西方政治现代化进程保存了一个伟大的传统,而不至于在权利民主化的过程中丧失自然权利的革命性力量。这一传统划清了权利与法的关系:基本人权并非出自法律的规定,它先于成文宪法而存在,法律制度只是确认与保障人权的工具。

这样的观念逐渐成为法治的原则,并体现在诸多政治思想家的思想当中。在边沁看来,"人的权利不是建立在明确规定的原则上,无法具体说明"。② 戴雪在《英宪精义》一书中明确否认权利出自宪法。他指出,"凡宪章所有规则……在英格兰中,不但不是个人权利的渊源,而且只是

---

① 〔美〕汉密尔顿、杰伊、麦迪逊:《联邦党人文集》,程逢如等译,北京:商务印书馆1980年版,第429页。
② 〔英〕霍布豪斯:《自由主义》,朱曾汶译,北京:商务印书馆1996年版,第32页。

由法院规定与执行个人权利后所产生之效果"。① 这种不依赖于民主或是立法过程存在的权利观念使"自然权利"的语法虽败犹荣,像一个幽灵徘徊在西方人的头脑中,甚至对当代西方政治文明产生了极为重要的影响。阿伦特指出:

> 既然宣称人权是"不可分离的",不会化约到或推衍自其他权利或法律,那么人权的确立就不能诉诸权威。人是自己之本,也是他们的最终目的之本。另外,没有哪一种具体的法律能必然保护他们,因为一切法律都取决于他们。②

对权利民主化可能出现问题的戒备为实在法律权利的批判提供了理论论证和前提,同时亦为法律权利的更新做好了准备。这种复合的制度化观念在认可权利民主化的同时又为权利的民主化设定了约束,从而辩证地绕开了权利民主化可能存在的误区。

就与民主的关系来看,西方制度文明的政治安排中确实存在着两种不同的机构:一类是民主的机构,比如立法机关和政党;一类是"那些能与民主程序绝缘从而能够更好地分配并且更好地保护个人权利的机关",比如法院和官僚机构。③ 这里体现的原则就是:"人们因为自治而拥有的

---

① 〔英〕戴雪:《英宪精义》,雷宾南译,北京:中国法制出版社2001年版,第245页。

② 〔美〕汉娜·鄂兰:《极权主义的起源》,林骧华译,台北:时报文化1995年版,第412页。

③ Michael Sandel, The Procedural Republic and the Unencumbered Self, *Political Theory*, vol. 12. No. 1, February 1984, p. 94.

自由通过民主程序,而别的自由则通过其他的程序。而那些别的自由,如经济自由,美国人则常常视其为个人的、不可剥夺的财产权利"。① 通过这样的机构设置,政治领域的某些方面被最大可能地"非政治化"了,它使得一些基本权利不受民主实践的检验。其结果是,除开反映民主的机构外,还合法地存在着一个明显非民主的机构,它以保障权利为自己的合法性。其存在的逻辑是,既然民主亦存在着侵犯个人权利的倾向,那么,将保护个人权利的职责完全交由立法机关执行就不可能保证个人权利免受侵害。

为了保护个人权利不受民主的侵犯,人们赋予独立于选民意志之外的法院以更大的权力。汉密尔顿认为,如果没有限制立法机关的法院存在,那么,"一切保留特定权利与特权的条款将形同虚设"。② 为此,他强烈主张法院应该拥有司法审查权。他指出,在限权宪法的实际执行中,对宪法的限制"须通过法院执行,因而法院必须有宣布违反宪法明文规定的立法为无效之权"。③ 在美国宪法的权力分配上,最能体现民主权力的立法机关并非最高;而且,行政机关与司法机关均可制约立法机关。与此形成对比的是,

---

① Robert Dahl, *A Preface to Economic Democracy*, Cambridge: Polity Press, 1985, p. 161.

② 〔美〕汉密尔顿、杰伊、麦迪逊:《联邦党人文集》,程逢如等译,北京:商务印书馆1980年版,第392页。Alexander Hamilton, James Madison, John Jay, *The Federalist Papers*, Beijing: China Social Science Publishing House, 1999, p. 466。

③ 同上。

最缺少民主精神的司法机关既不受选民意志的影响,又拥有了制约立法机关的司法审查权力。

权利的法治化使得权利的制度化出现复合化,这使得一些非民主,甚至是反民主的机构得以在权利保护方面占有一席之地。由法院来保护权利体现了权利制度化的非民主途径。一个最为有力并易于为人接受的证据在于法官对现实政治的独立以及对利益的超越。德沃金指出:"多数人的利益并不高于权利,因此超脱于政治上的大多数的要求之外的法官,处于一种较好的位置来评价政策"。① 独立于选民意志的法院成为保护人权的坚固堡垒。法院必须向公众保证,它们将"无视"多数派和少数派;也就是说,它们将不会受到任何一方的影响,而只受那些约束国家的法律的指导,即使这些法律是由国家通过的。②

法官并不是民主选举的,亦不向选民负责;然而,正是法官的这种独立性使他不受制于任何民主力量,对多数至上主义的超越使得最高法院可以在某种程度上均衡民主权力扩张可能对个人权利造成的损害。由民主产生的政治家必然会对多数人的意见有所顾忌,从而对最高法院的种种反民主做法保持谨慎的批评态度。当总统、议员必须从任职出发照顾到多数时,最高大法院的法官就不必有这样的顾虑,这使美国的民主能够在一定程度上离开多数至上

---

① 〔美〕德沃金:《认真对待权利》,信春鹰、吴玉章译,北京:中国大百科全书出版社 1998 年版,第 120 页。

② 〔瑞士〕托马斯·弗莱纳:《人权是什么?》,谢鹏程译,北京:中国社会科学出版社 2000 年版,第 92—93 页。

主义，在一定程度上修正了多数至上主义可能造成的谬误。

实际上，权利的非民主化途径是多种多样的，法治化只是权利非民主途径的一种，这不但体现在权利主体、权利保护等方面，还体现在权利内容等诸多方面。在权利主体方面，存在着非平等的制度化方式，如英国曾出现过的"复票制"、美国至今仍然存在的选举人团制度等等；在权利保护方面，存在着非民主的机构，如通过法院保护权利；在权利内容方面，存在着对民主过程的排斥，如一些基本权利，如生命、自由、财产等权利不接受民主检验等等。

三、权利复合制度化的内在张力

英国学者雅赛（A. D. Jasay）将个人权利比作"碉堡"，指出了政治权力与个人权利的边界。他指出：

> 每一项权利都要成为一个碉堡，保护那个特定的权利持有人的相应利益不受任何意图的侵犯，包括整个政治群体的意图。但是，在这些碉堡之外，在无人地带，群体的全局性的目标，只要不打破任何一个碉堡，还是可以最大化的。至于碉堡的内部，则个人的利益比之共同的目标更有优先权；在碉堡之外却是相反。①

这就是雅赛的"碉堡"理论。为了构造这样的碉堡，西方世界艰难而曲折地经历了国家与社会分离的过程。不

---

① 〔英〕雅赛：《重申自由主义：选择、契约、协议》，陈茅等译，北京：中国社会科学出版社1997年版，第53—54页。

断成长的资产阶级为自己挖就了"两窟",构造了市民社会与国家两个领域。每一个体在国家与社会之间小心翼翼地往返穿梭,一方面以封闭和独立对付可能存在的权力入侵;同时还必须在开放与合作中获取集体利益的最大化。一"开"一"合"的辩证运动正是权利复合制度化的基本样式。

以宪法确定个人权利的优先性、中立性,从制度层面确立了个人作为自由选择的自我的观念,从而确立了西方宪政实践中保障权利的主题。然而,事实可能正像桑德尔所指出的那样,尽管这些观念"充斥于我们当前的宪法实践之中",然而,它们"并不是我们整个传统的特征"。[①]在现代国家中,权利的法治化过程本身就意味着权利接受民主检验的过程。在这里,权利的民主化过程和权利的法治化过程因民主与法治内在的联系而走到了一起,从而构成了权利的复合制度化。一方面,一些权利通过特定的民主程序被制度化,获得法的外在形式;另一方面,另一些权利则超越于一般的民主过程之外,以司法程序或是更高的立法程序通过,并通过法治体系得到保护。

权利复合制度化的根本原因就在于国家与社会的分离。市民社会构造了个人权利的隐居之所,它通过法律制度提供了外在的保障;然而,市民社会本身并不自足,权利的二元化构造又会使个人走出市民社会,进入国家领域,从

[①] Michael Sandel, *Democracy's discontent*: *America in search of a public philosophy*, Cambridge, Mass.: Belknap Press of Harvard University Press, 1996, p. 28.

而使民主的要求突出出来。当个人走出市民社会领域时，他们以公民权参与到以权力分配为目标的民主程序中，表现为对民主制度的要求；当他们退回市民社会中时，他们就要求独立于民主制度之外的个人权利，表现为对法治保障的要求。这样，权利通过不同的方式得以制度化，形成了权利的复合制度化。

权利的二元化是权利复合制度化的基本原因。民主制度反映了人们行使公民权的要求，保证了个体在国家中的公民权，这在民主国家是不言而喻的；与此相称，法治则保障了个人权利的要求，为个人权利营造了避难之域，使个人能消极地规避权力可能造成的侵害。这样，权利的制度化即表现出一种两分建构的一般样式。在社会领域里，人们追求独立的个人权利，渴望排除各种限制，表现为对法治保障的要求；在国家领域里，人们追求平等的公民权，希望参与政治，表现为对民主参与的要求。

权利的复合制度化同时又是双生权利体系内在冲突的要求。人们可以通过民主的方式保证个人权利，然而，完全依靠民主来形成个人权利的危险就在于，民主可能跨过应有的边界而侵入私人领域，从而排除法治的保障，使权利的界定成为民主权力斗争中的偶然结果。对一些基本权利的先定约束为可能越过边界的民主权力架设了围墙，其稳定性远远高于公民权的模式。自然权利的观念显然是一种可资利用的传统资源，然而，无论是求助于道德的抽象认同，还是寄托于自然的本性使然，自然权利的逻辑都是脆弱的，它需要制度化的途径，在这一地带，法治取得了统治地位。在权利的领域里，法治提供了围墙，但却与想进入这一领域的民主产生冲突。由人的二重化所决定的权利二元化构造了宪政民主制度，同时也将权利二元本身存在着的矛盾传递到这一制度的架构中去，从而形成民主与法治的二元冲突的局面。民主与法治的冲突正是人权与公民权之间的紧张得以制度化的结果。

从某种程度上看，西方政治文明本身就是权利制度化冲突的结果。美国学者詹妮弗·内德尔斯基从宪法角度分析了美国宪政的内在张力。他指出：

> 我承认在个人与集体之间、个人权利与多数决定规则之间存在根本性的张力，并使那种张力制度化，这就是宪法制度的天才之处。宪法可以说是试图平衡人身权利、财产权利和政治权利的一种尝试，尽管不是一种完全成功的尝试。政治权利与公民权利之间、民主与作为政府之限制的个人权利之间存在的持续的张力，是美国宪法中最为重要的也是最好的特征。①

事实上，权利复合制度化的基本原因之间的冲突使复合制度化的体系存在着内在的紧张。除去二元权利本身的紧张外，权利的形成样式、权利的不同论证方式之间亦存在着紧张。这种紧张不可能在制度化的过程中消解，从而

---

① 〔美〕詹妮弗·内德尔斯基：《美国宪政与私有财产权的悖论》，载〔美〕埃尔斯特、〔挪〕斯莱格斯塔德编：《宪政与民主——理性与社会变迁研究》，谢鹏程译，北京：生活·读书·新知三联书店1997年版，第284页。

使权利的内在紧张传递到民主化与法治化的过程中，构造了宪政民主制度的矛盾与统一。

权利形成的不同途径是权利复合制度化的又一原因。人们既无法否认权利的客观历史性，又不能陷入历史决定论的泥潭。因为权利既是自然的、道德的、抽象的，同时又是历史的。在现代国家当中，权利的历史性需要以民主的方式来实现，而权利的抽象性则需要以先定约束的方式超越一般的历史过程，而以法治的方式加以实现。权利的历史性与抽象性并存符合了权利二元体系的基本逻辑，亦成为权利的民主化与法治化张力存在的重要原因。

对权利的不同论证方式必然要求权利的复合制度化。人们既可以以权利为因，即权利是社会进步与繁荣的手段，从这个角度讲，权利就是工具性的；也可以认权利为果，即权利的存在是道德的、自然的结果，权利本身具有目的性。以作为个人权利的财产权为例，达尔描述了权利论证的两种方式。他指出，"仅就财产权利来看，即存在着上面述及的两种论证办法：一种认为财产权利是工具性的，出于功利角度考虑而产生的权利。对财产权利的认可能够带来诸如效率、经济进步、政治自由等价值；另一种则是价值性的，认为权利是自然的，是一种不可剥夺的道德权利，就像自然权利一样，政府和法律有保护的义务"。[1] 然而，两种论证方式之间存在着紧张。如果财产权利是工具性的，

---

[1] Robert Dahl, *A Preface to Economic Democracy*, Cambridge: Polity Press, 1985, pp. 62-63.

它就需要目的来证明自己正当,需要接受民主检查;如果权利是目的性的,它就能够进行自我论证,从而为权利的非民主化提供合法性。两种论证方式之间的冲突亦在制度化过程中显露出来,成为复合制度化的内在张力。

人权与公民权通过不同的方式得以制度化,形成了权利的复合制度化样式。一方面,权利的制度化表现为权利的民主化,它不但推动了自然权利向法律权利的发展,使主观权利获得了客观法的外在形式,而且从根本上更新了权利的内涵;另一方面,权利制度化表现为权利的法治化,即权利以抽象的论证方式要求超越民主,使权利不受功利的检查,并由法院以司法程序加以保护。权利的复合制度化为宪政民主提供了合法性,同时也造成了内在的紧张。

民主与法治作为既相冲突、又相和谐的两套政治制度在近代西方不断确立的过程从两个方向上分裂了国家:从民主的角度来看,它要求在国家的领域里实现集体的自治要求以及公民权,塑造强大的国家;从法治的角度来看,它却要求对这一权力进行限制,为这一权力进入市民社会的领域制造重重限制,以保护个人权利。民主与法治两种制度在近代西方社会并行发展,其冲突与均衡的矛盾逻辑正是国家二重化的逻辑。

第六章　权力的复合制度化及其内在逻辑

西方国家的政治制度千差万别，有的时候看似毫厘，实则千里；而有的时候，貌似沧桑，实则伯仲。略去其中的细节，一言以蔽之，就是资产阶级的宪政民主。然而，宪政民主政治发展的过程遵循一个什么样的历史脉络呢？在这一宏大历史进程的背后，又有着什么样的逻辑呢？

一、权力的民主化

从本质上讲，民主要解决的是权力的来源与组织问题。在权力的来源问题上，人民主权是民主的首要原则；而在权力的组织问题上，多数原则是民主的首要原则。因此，权力的民主化不仅面临着如何将权力的来源同人民的主体地位联系起来，同时还面临着如何使立法、决策、管理和监督等民主过程中听从多数的意见的问题。

权力民主化的第一个问题即人民主权的问题。人民主权并不是一个只在现代西方才有的观念。人们可以从古代希腊的城邦中发现人民主权理论的萌芽，或者在西塞罗、马西利乌斯（Marsilius of Padua）的作品中找到人民主权的影子。美国政治哲学家施特劳斯认为，早在 14 世纪，马西利乌斯就提出了"人民主权"的主张。① 从宽泛的人民主权概念出发，中世纪的"人民主权"表现为"信徒主权"。中世纪思想史研究的专家乌尔曼指出："在教会中，没有什么机构高于作为全体而存在的信徒；与此相似，在国家中，没有什么机构高于全体市民的共同体。就其合理性讲，一言以蔽之，主权。"②

由于宗教信仰所具有的特殊合法性，宗教立法赢得了人们的普遍认同和遵守，这种特殊的合法性佑护着西方自古代罗马通向近代的法治进程。德国社会学家马克斯·韦伯明确指出，正是中世纪"创造了所有适合资本主义的法律形式"。③ 美国学者哈罗德·伯尔曼（Harold J. Berman）更是认为，是中世纪时期的教会法塑造了近代西方的法律制度。④

然而，随着中世纪社会的解体，世俗化抽掉了宗教立

---

① 〔美〕施特劳斯、克罗波西：《政治哲学史》上册，李天然等译，石家庄：河北人民出版社1993年版，第312—316页。

② Walter Ullmann, *Medieval Political Thought*, New York: Penguin Books, 1965, p. 214.

③ 〔德〕马克斯·韦伯：《儒教与道教》，王容芬译，北京：商务印书馆1997年版，第154页。

④ 〔美〕伯尔曼：《法律与宗教》，北京：生活·读书·新知三联书店1991年版，第74页。在《法律与革命》一书中，伯尔曼认为正是11世纪末的教皇革命推动了法治的兴起，奠定了西方文明的根基。伯尔曼甚至根据这一点认为，现代（作者使用的"modern"，主要是从现代性的角度来使用的）起源于1050—1150年这一时期。参见〔美〕伯尔曼：《法律与革命》，贺卫方等译，北京：中国大百科全书出版社1993年版，第4页。泰格和利维称这成为伯尔曼"划时代的创见"。参见〔美〕泰格、利维：《法律与资本主义的兴起》，纪琨译，上海：学林出版社1996年版，第1页代序。

法的合法性基础。在今天看来,在政治世俗化的尽头,西方社会面临的是一次更为艰难的选择:一方面,封建君主的权力和宗教的权力受到质疑,另一方面,世俗化进程还没有形成可资利用的新的合法性。如果说中世纪的上帝还作为一种"超验正义"而存在的话,那么,在现代西方,上帝就只能满足于印在钞票上的感谢了。世俗化的进程依然渗透了人们想把皮球踢给上帝的努力,但神权山崩地裂的衰落最后还是使这种努力成了一厢情愿。在血流漂杵的宗教屠杀之后,那些在染红的道路上寻找宽容的人们就只能目送上帝挟着福音书离王位渐行渐远的背影。

尽管夹杂着噪音,民主革命的辉煌与梦想成就了合法性转换的现代进程。因此,真正现代意义上的人民主权是,也只能是近代西方主权理论与资产阶级民主革命相结合的产物。随着欧洲资产阶级革命的进一步发展,主权逐渐同"人民"联系起来,主权理论亦从"君主主权"学说发展到了"人民主权"观念。我们还应该看到,与民主化进程相伴随的法治化亦为民主的健康发展尽到了看护的责任。以韦伯、哈贝马斯一贯的创见来审视这一政治现代化过程,我们发现,正是宪政民主的建立从制度层面推动了政治合法性的转换,从而使政治统治行为发生了重要变化。这一体系的形成实现了自然法权威、神法权威向"人民"权威的转换,成功地以"人民的抽象"代替了"宗教的抽象"和"自然的抽象",从而完成了"上帝自身在地上的行进",为权力的世俗化奠定了坚实的基础。

事实上,就民主权力的主体来看,早期人民主权的要求并不统一,这体现在"人民"内涵的混乱上。正如哈贝马斯指出的那样,在人民主权的"战斗口号"中,"各种各样的思想主题都混杂在一起:作为某种新的合法化原则之表达而出现的国家主权;作为第三等级的统治权;作为民族同一性的权力表现等等"。①

卢梭初步表达了人民主权的观念。在卢梭理论当中,主权是人们在社会契约过程中以缔约行为形成的共同体,即由全体个人的结合所形成的公共人格。当这一共同体是主动时,就被称为主权者。在这一共同体当中,每个结合者集体地被称为"人民"。② 也就是说,卢梭并没有直接认为人民一定会成为主权者。但是,在民主国家中,充当主权者的一定会被称为"人民"。事实上,卢梭的主权者既是权力的来源,同时又是民主化的产物。在《纽沙代尔手稿》中,卢梭认为,主权者就是这样一个道德人格,即"由社会公约赋之以生命而其全部意志就叫作法律的那个道德人格"。③

另一位法国思想家马布利亦提出,人民是最高权力的唯一源泉。一切立法权都集中于人民的代议机关,一切公务人员都由选举产生,最高政权执行机关由人民代议机关

---

① 〔德〕哈贝马斯:《交往与社会进化》,张博树译,重庆:重庆出版社1989年版,第199页。

② 〔法〕卢梭:《社会契约论》,何兆武译,北京:商务印书馆1980年版,第26页。

③ 〔法〕卢梭:《纽沙代尔手稿》,转引自《社会契约论》,何兆武译,北京:商务印书馆1980年版,第25页,脚注。

选举，其权力受立法机关约束。人民拥有改变现有管理制度的权利。"任何一个自由的人民，都可以用限制、减少和增加统治者的权限的办法，来建立自己的自由；任何一个被奴役的人民，都可以努力恢复自己的自由。"①

发展到罗伯斯比尔时，人民与主权者被无条件地统一起来。这位雅各宾派的领袖在各种各样的场合宣称：人民是主权者，主权的实质在人民。罗伯斯比尔在一系列的演讲中多次肯定了人民与主权者的同一。在《关于人权和公民权利宣言》的发言中，他指出："人民是主权者，政府是人民的创造物和所有物，社会服务人员是人民的公仆"。②另外，在《关于宪法》的演说中，他指出："主权在实质上属于法兰西人民；所有公职人员都是受人民委任的人员，人民选举他们，也能罢免他们。"③

人民主权的观念在法国大革命中得以阐释，在美国革命过程中得到了进一步的丰富，并且逐渐落实到政治制度的设计当中。其中，以杰斐逊的人民主权理论为代表。

人民主权理论是杰斐逊宪政民主理论的基础。杰斐逊认为，国家的权力来源于人民的授予和委托，正是人民的意志组成了国家。因此，人民在任何他们认为胜任的事情上都可以行使他们作为国家主人的权力，这一权力包括建

---

① 〔法〕马布利：《马布利选集》，何清新译，北京：商务印书馆1981年版，第139页、第162页、第163页。
② 〔法〕罗伯斯比尔：《革命法制和审判》，赵涵舆译，北京：商务印书馆1965年版，第138页。
③ 同上书，第154页。

立、改变和撤销政府机构的权力。杰斐逊认为，国家的建立是人民的行为，国家的权力来源于人民。他指出，正是那些组成社会的人民是"所有国家中所有权威的来源"。正是在人民的授权下，政府才得以建立；正是因为有了人民的授权，国家机关的行为才成为"国家的行为"，他们"决不能受任何政府形式的影响，或是受制于管理之人。"①

人民建立了国家，同时人民亦有权改变其国家的政治原则。杰斐逊肯定地指出，"国民有权依其意志改变政治原则和宪法"。② 为了防止人民以激烈的革命手段来推翻政府，杰斐逊认为，政府不应靠镇压对付人民的不满与反抗，而应注重宪法和法律以及制度方面的改革，以避免引起人民的反抗。他认为，"法律和制度必须和人的思想的进步同时前进。"③ 在这一点上，他站在潘恩一边，反对柏克、休谟等人所谓的"代际正义"的理论。他认为，上一代人制定的法律、制度并不一定能适应下一代人的需要，下一代人有权修改上一代人制定的宪法、法律和典章制度。为此，杰斐逊甚至主张，为了人类的和平与幸福，必须在宪法里规定每隔十九年或二十年修改一次宪法。

---

① Thomas Jefferson: Opinion on French Treaties, 1793. Thomas Jefferson, *The Writings of Thomas Jefferson* edited by Lipscomb and Bergh, Washington, D. C., 1903-1904. Vol3, p. 227.

② Thomas Jefferson to the Earl of Buchan, 1803. Thomas Jefferson, *The Writings of Thomas Jefferson* edited by Lipscomb and Bergh, Washington, D. C., 1903-1904. Vol10, p. 400.

③ 〔美〕杰斐逊等：《资产阶级政治家关于人权、自由、平等、博爱言论选录》，北京：世界知识出版社1963年版，第81页。

人民不仅可以根据自己的意志改变国家的基本原则，同时，他们还有权利收回权力，这导致国家机构的撤销。杰斐逊认为，人们不但能够通过代理机构来处理日常事务，而且他们还可以在他们喜欢的时候来改变这些代理机构。在杰斐逊眼里，"共和主义的原则是人民可以在他们喜欢的时候建立或是改变政府，国民的意志是这一原则唯一的实质。"①

通过人民主权的原则，杰斐逊赋予人民以建立、改变国家和革命的权利，这成为其民主理论的基础。正是在这一民主基础上，杰斐逊进一步将人民主权的思想引入宪法，强调了宪政的民主性因素，为其宪政民主思想奠定了基础。杰斐逊坚定地指出："人民的权威是宪法的基础。"② 在实践当中，杰斐逊也努力加强宪法的民主性，为将人民主权确认为宪法的基础做出了重要贡献。正是在杰斐逊等人的努力下，"人民主权原则成了法律的法律。"③

将人民主权视为宪法的"法"，这不但成为杰斐逊民主思想的重要特征，而且也决定了杰斐逊宪政思想的民主特征，对后来美国人民主权思想的发展产生了重要影响，亦

---

① Thomas Jefferson: The Anas, 1792. Thomas Jefferson, *The Writings of Thomas Jefferson* edited by Lipscomb and Bergh, Washington, D. C., 1903-1904. Vol1, p. 330.

② Thomas Jefferson to John Hampden Pleasants, 1824. Thomas Jefferson, *The Writings of Thomas Jefferson* Edited by Lipscomb and Bergh, vol16, Washington, D. C., 1903-1904, p. 28.

③〔法〕托克维尔：《论美国的民主》上卷，董果良译，北京：商务印书馆1993年版，第62页。

确立了美国宪政民主性的根基。到19世纪中叶时,托克维尔对美国社会的观察是:"人民之对美国政界的统治,犹如上帝之统治宇宙。人民是一切事物的原因和结果,凡事皆出自人民,并用于人民。"①

当权力合法性的来源逐渐由"自然""神""君主"过渡到"人民"时,权力民主化的首要前提就已经具备了。权力民主化的第二个任务涉及权力的运用,也即多数原则的确立。霍布斯曾经明确地描述过权力的民主化过程。这样一个过程在他眼里就是:

>……他们要做的第一件事就是每个人都要同意某些事,这样,他们可能更接近于这些目的;这不是别的什么不可想象的东西,而只是这样一件事:他们允许全体成员中大部分人的意志,或是由他们决定或是指定了的特定数量的人中的大部分人的意志,或最终是某一人的意志来代表每一个人的意志。而且,一旦他们这样做了,他们就被联合起来,作为一个整体的政治。而且,如果他们全体的大部分被认为是包含了所有个别的意志,那样的话,他们被称为民主,也就是这样一个政府,在那里,全体或是他们的大多数自愿地组合起来,充当主权者,同时每一个个别的人都是服从者。②

---

① 〔法〕托克维尔:《论美国的民主》上卷,北京:商务印书馆1993年版,第64页。

② Thomas Hobbes, *The Elements of Law: Natural and Politic*, ed., J. C. A. Gaskin, Oxford; New York: Oxford University Press, 1994, Part Ⅱ, Chapter 20.

事实上，这种逻辑同卢梭后来以"服从自己本人"的社会契约论的表述竟然具备了某种同一性，它表明了权力民主化的基本过程。

杰斐逊将多数原则视为人民主权原则的一个体现。与汉密尔顿不相信多数人民，而将政治的修明寄托于少数贵族相反，杰斐逊更相信多数。在杰斐逊看来，服从多数的决定是"每一个人类社会的自然法则"。"就维护我们的自由来说，人民是唯一可靠的靠山。归根到底，我的原则是大多数人的意志应该起主导作用。"① 杰斐逊指出：

> 共和主义的第一原则是 lex mmauoris parties〔多数法则〕。这一法则是由权利平等的个人所组成的一切社会的根本法则；把一次投票中的大多数人表达的社会意志看成像全体一致表达的那样神圣，乃是所有课程中最重要的一课，然而又总是学得最不透彻的一课。②

我们看到，在杰斐逊那里，多数原则与保护少数权利是并行不悖的，但是，这里的前提是多数原则不能否认，离开了多数，民主的原则就会滑向贵族政治的误区。在杰斐逊的共和理论中，他"绝对服从多数的决定"，并视这一

---

① 〔美〕杰斐逊等：《资产阶级政治家关于人权、自由、平等、博爱言论选录》，北京：世界知识出版社1963年版，第67页、第65页。

② 同上书，第86页。本文根据原文略有改动。参见 Thomas Jefferson to Alexander von Humboldt, 1817. Thomas Jefferson, *The Writings of Thomas Jefferson* edited by Lipscomb and Bergh, Washington, D. C., 1903-1904, vol15, p. 127。

原则为"共和政府的主要原则",不遵守这一原则只能导致武力与专制。①

在某种程度上看,杰斐逊的共和倾向于指民众更多的参与。杰斐逊认为,众议院是共和主义,而参议院绝对不是,其主的理由就在于参议院"不由人民直接选举的"。②他在对比州政府的各个机关时指出:"我们自己州政府的最纯粹的共和主义特征是众议院。参议院第一年同样是的,第二年稍少,以后一年比一年少。行政部门共和主义性质更少,因为它不是人民直接选举的。司法部是严重反共和主义的,因为他们是终身制。"③

我们看到,通过人民主权和多数原则的贯彻,权力逐渐实现了民主化。这一过程贯穿了西方政治现代化的全过程,构成了民主化的基本线索。无论是达尔提出的民主化的三次转型理论,还是亨廷顿提出的民主化的三波理论,都描述了这一阶段的民主发展。到19世纪末20世纪初,权力的民主化基本完成。

然而,权力的民主化却并不像人们想象的那样,为人类政治带来最高福祉。"权力往往导致腐败,绝对权力绝对

---

① 〔美〕杰斐逊:《第一次就职演说》,〔美〕杰斐逊:《杰斐逊选集》,朱曾汶译,北京:商务印书馆1999年版,第307页。
② 〔美〕托马斯·杰斐逊:《杰斐逊选集》,朱曾汶译,北京:商务印书馆1999年版,第637页。
③ 同上。

导致腐败"。① 阿克顿勋爵的"权力定理"论证的就是这样一个铁的事实，它不仅仅指集中于一个人手中的权力，同时也指集中于一些人手中的权力；在特殊情况下，即使是权力掌握在多数人的手中亦无法证明自身的合理性。乐观的民主满足于权力的自我安顿，在沉迷于乌托邦的同时亦难保不落入专制的窠臼。就民主本身来讲，它没有，亦不可能提供自我约束的机制，这为"民主专制"埋下了祸根，成为权力民主化的阿基里斯之踵。

就权力的制约与监督来看，民主亦体现为共同体对政府权力的制约，即以一种自下而上的方式制约国家权力。然而，纯粹的民主常常倾向于以一时盛行的多数意见来限

---

① 阿克顿原文是"Power tends to corrupt; absolute power corrupts absolutely"，侯健、范亚锋译作"权力导致腐败，绝对权力导致绝对腐败"。参见〔英〕阿克顿：《自由与权力》，侯健、范亚锋译，北京：商务印书馆2001年版，第342页。就该句译法，值得商榷的地方颇多。冯克利认同这种译法。参见冯克利：《信仰与经验间的智慧》，载《读书》2001年第1期，第60页。李泽厚认为这种译法是误译，认为应译为"权力导致腐败，绝对权力绝对导致腐败"。参见李泽厚：《应是"绝对权力绝对导致腐败"》，载《读书》2001年第6期，第123页。冯世则在此基础上进一步指出，李泽厚的译法亦有不妥，认为应该译为"权力往往导致腐败，绝对权力绝对导致腐败"。参见冯世则：《"权力往往导致腐败"》，载《读书》2001年第10期，第154页。另外，丛日云将其译为"一切权力都使人腐败，绝对的权力绝对使人腐败。"参见丛日云：《基督教二元政治观与近代自由主义的兴起》，天津：天津师范大学2001年博士学位论文，第57页；陈茅等人在翻译《重申自由主义》一书时将该句翻译为"权力易使人腐化，绝对权力绝对使人腐化"。参见〔德〕雅赛：《重申自由主义：选择、契约、协议》，陈茅等译，北京：中国社会科学出版社1997年版，第1页。本书认为，"权力往往导致腐败，绝对权力绝对导致腐败"更能反映阿克顿勋爵本人的思想及原文意思。

制政府权力，等于放纵了多数的权力。因此，民主的制约并不可信，只凭民主的方式不但不能防止权力的专横，反而会产生"多数的暴政"。

美国经济学家、诺贝尔经济学奖得主詹姆斯·布坎南（James Buchanan）就对以人民选举的方式限制权力不以为然。他指出："我较早时就注意到，19世纪和20世纪政治思想中的谬见，在于这样一种不言明的信念，即仅仅是选举所施加的各种限制，就将足够牵制政府像利维坦一样行动的倾向"。① 另一位经济学家，亦是诺贝尔经济学奖得主哈耶克亦指出：

> 没有理由相信，只要相信权力是通过民主程序授予的，它就不可能是专横的；与此相反的说法也是不正确的，即防止权力专断的不是它的来源而是对它的限制。民主的控制可能会防止权力变得专断，但并非仅仅存在民主的控制就能做到这一点。如果民主制度决定了一项任务，而这项任务又必定要运用不能根据定则加以指导的权力时，它必定会变成专断的权力。②

就程序性的要求来看，民主需要严格遵守"少数服从多数"的原则，它以自治的方式肯定了人类共同体存在的

---

① 〔美〕詹姆斯·布坎南：《财产与自由》，韩旭译，北京：中国社会科学出版社2002年版，第116页。
② 〔英〕哈耶克：《通往奴役之路》，王明毅等译，北京：中国社会科学出版社1997年版，第72页。

尊严。然而，这一程序并不完美，其结果亦缺乏本质上的确定性，界定"公域"从而限制权力、维护"私域"从而保障权利等任务绝非只有民主就能做到。我们看到，法国大革命失败的病根就是民主失败的病根。权力的无限制和权利的无保障使纯粹的民主走向了暴政与恐怖，最终摧毁了民主。

就权利的保障与维护来看，民主亦体现为共同体对权利的肯定，即通过选举等程序使政治共同体的成员参与到政治生活中来。然而，作为一种偏好采集与处理的程序，民主必然会从社会和集体的角度出发整合公民的意见，但又不可能做到两者的完全符合。这样，它就可能造成对个人权利的侵害；在一些特殊的情况下，组织起来的多数甚至不惜利用政治权力以侵犯其他人的正当利益。奥斯特罗姆称民主制的这一病理为"共和病"。① 他指出：

> 多数规则允许占主导地位的派别占优势；在一部分人是自己的案子的法官时，合理的对话过程就不可能进行……多数派占优势的权能，滥用政治特权牺牲他人的利益而牟取私利，是以民主或共和规则为基础的政府最基本的弊端。②

在民主程序中，每个主体都被赋予了同样的民主权利，

---

① 对共和病的分析参见〔美〕奥斯特罗姆：《复合共和制的政治理论》，毛寿龙译，上海：上海三联书店1999年版，第96—99页。
② 〔美〕文森特·奥斯特罗姆：《复合共和制的政治理论》，毛寿龙译，上海：上海三联书店1999年版，第97页。

以便合理的对话能够进行，这是就民主的原则；然而，在平等的民主原则背后，民主主体之间的利益却不尽相同。就西方社会来看，政治领域实行的是以个人为单位、按票计数的民主程序原则；经济领域实行的却是以资本为单位、按股计数的资本主义原则。经济利益的差异和政治决策的平等是资本主义社会经济与政治固有的矛盾。就民主的实际过程来看，一旦民主决策涉及决策主体之间的利益划分时，不同的利益就可能集结起来形成多数，造成多数利益与少数利益的对立。民主程序的多数原则使多数能够在涉及自己利益的案件中充当"法官"，从而可能造成对少数人权利的侵害。

我们看到，权力的民主化存在着自身难以解决的弊端：由于人民利益的不确定性，人民主权实际上很难落实；由于多数原则的扩张性，多数原则更有可能侵犯少数人的权利。因此，权力的民主化并不能实现权力的自我安顿，需要在权力的民主化之外寻找解决方案。

二、权力的法治化

正是因为权力民主化带来的种种问题，西方政治文明的发展在权力的民主化之外，强调了权力的法治化维度：即通过代议、分权等宪法设计手段落实人民主权，从而使民主落到实处；通过保护少数权利，防止多数原则可能带来的弊端。正如迈耶看到的那样：

> 直接民主意味着限制思想，束缚个性和文化，动员民众的感情以控制政府政策和人事任免。它对

独裁政治始终无力抵抗，不管这种独裁是由群氓施行还是由僭主施行，自亚里士多德和孟德斯鸠以来的事实一贯如此。另一方面，自由主义者认识到，代议制民主能够加以限制和保障。这需要通过宪法的禁止条款来确认某些人权将不服从多数人的意志，即立宪民主或称自由民主。①

我们看到，古代的民主就是那种只是经过纯粹民主化的权力形态，而现代西方人主张的宪政民主或自由民主实际上是在权力民主化的基础上进一步通过代议制、分权制等制度设计实现的一种复合制度化过程，其精神实质就是权力的法治化过程。

权力法治化过程的第一个特征是代议制，即通过人民的代表来落实人民主权的主张。强调人民主权的不可分割、不可代表、不受限制是激进民主的基本主张，这体现在卢梭的思想当中。与卢梭相反，杰斐逊承认代议制与分权原则，这使他与卢梭式的直接民主区别开来。通过摒弃直接民主制，杰斐逊将人民的权力通过民主选举的方式委托给少数人来行使，从而既使人民的意志成为有效的因素，又为代议制提供了论证。

杰斐逊认为，政府的权力确实源自国民，但是，"他们的意志通过合适的机构宣布而有效，直到他们的意志通过

---

① 〔法〕查尔斯·S. 迈耶：《法国大革命以来的民主》，载〔日〕猪口孝、〔英〕爱德华·纽曼、〔美〕约翰·基恩：《民主的历程》，林猛等译，长春：吉林人民出版社1999年版，第152页。

合适的机构撤销。"① 这实际上是在承认人民主权的基础上将人民主权及其行使区分开来，从而为宪政与民主的均衡提供了空间。在写给兰多夫（Edmund Randolph）的信中，杰斐逊指出：

> 国家的整体拥有至高无上的主权，其自身拥有立法、司法以及执行的权力。然而，它们亲自行使这些权力诸多不便，亦不适当，它们因此任命一些特殊的机构来代表他们的意志设立法律，进行审判，并予以执行。②

在这里，杰斐逊不但认为人民不适宜直接行使权力，而且在代议制的基础上承认了分权的必要性。杰斐逊认为，权力集中在同一些人手里是"专制统治的真谛"，即使是使这些权力由多数人行使也并不使情况有所好转。"173个暴君肯定和一个暴君一样地富于压迫性。"③ 因此，他指出："选举产生的专制政府并不是我们所争取的政府，我们争取的政府不仅仅要建立在自由原则上，而且政府各项权力必须平均地分配给几个政府部门，每个政府部门都由其他部

---

① Thomas Jefferson to George Washington, 1792. Thomas Jefferson, *The Writings of Thomas Jefferson* edited by Lipscomb and Bergh, Washington, D. C., 1903-1904. Vol8, p. 301.

② Thomas Jefferson to Edmund Randolph, 1799. Thomas Jefferson, *The Writings of Thomas Jefferson* edited by Lipscomb and Bergh, Washington, D. C., 1903-1904. Vol10, p. 126.

③ 〔美〕杰斐逊：《杰斐逊选集》，朱曾汶译，北京：商务印书馆1999年版，第229页。

门有效地遏制和限制，无法超越其合法范围。"①

分权原则的确认和付诸实施成为权力法治化的第二个特征。立法权与行政权的分开在西方三权分立的体系中格外引人注目。相比较而言，立法与司法的分开却并没有上升到前者的高度，洛克甚至认为，立法权力和司法权力之间应该是合一的。但是，孟德斯鸠指出的立法权与司法权不得合一的警示成为西方政治文明发展过程中民主与法治持久张力的最具说服力的解释。他指出："如果司法权同立法权合而为一，则成为对公民的生命和自由施行专断的权力，因为法官就是立法者。"② 所以，后来的阿克顿指出，"司法的功能是民主的一种障碍，这按照托克维尔的见解，是必然的而不是偶然的。"③

彻底的分权，并且将分权制衡理论运用到政治实践当中去的当然首推联邦党人。联邦党人从非暴政共和的角度申明了分权与制衡的原则。在联邦党人看来，"没有任何政治上的真理比主张权力分立这个反对意见有更大的真正价值，或者更加带有自由保卫者权威的色彩了。立法、行政和司法权置于同一人手中，不论是一个人、少数人或是许多人，不论是世袭的、自己任命的或选举的，均可公正地

---

① 〔美〕杰斐逊：《杰斐逊选集》，朱曾汶译，北京：商务印书馆1999年版，第229页。

② 〔法〕孟德斯鸠：《论法的精神》上卷，北京，商务印书馆1982年版，第156页。

③ 〔英〕阿克顿：《自由史论》，胡传胜等译，南京：译林出版社2001年版，第219页。

断定为虐政。"①

实际上，现代西方的民主派也并不否认分权的必要性。杰斐逊不但多次谈到分权制，甚至承认强制进行分权的必要性。② 杰斐逊还主张州与联邦分权，甚至否认联邦有权审查各州的法令。他指出："100个州法令里与联邦有关的最多不超过一个。因此这个建议为了给他们一份他们应有的权力，却多给了他们99份不应有的权力，理由是他们不会行使这99份权力。"③

当然，民主派的分权与联邦党人的分权又存在着明显的区别。杰斐逊更注重立法机关在国家机构中的作用，从而在三权分立的框架内更多地体现民主的原则。他不同意联邦党人将违宪审查的权力交由法院来执行的观点。他认为，授予法官决定法律合宪性的格外权威并没有任何宪法依据。如果对法律一定要有一个终极仲裁者，那么，终极的仲裁者就是"合众国的人民"。杰斐逊的方案是，"国会或是三分之二的州有权召集他们，并通过他们的代表在国会中被组织起来，让他们来决定他们更想给两个机关中的哪一个以权威。"④

---

① 〔美〕汉密尔顿、杰伊、麦迪逊：《联邦党人文集》，北京：商务印书馆1982年版，第246页。

② 〔美〕杰斐逊：《杰斐逊选集》，朱曾汶译，北京：商务印书馆1999年版，第386页。

③ 同上书，第400页。

④ Thomas Jefferson to William Johnson, 1823. Thomas Jefferson, *The Writings of Thomas Jefferson* edited by Lipscomb and Bergh, Washington, D. C., 1903-1904. Vol15, p. 451.

在承认多数原则的基础上承认少数权利成为权力法治化过程的又一重要特征。实际上，正是因为有了一个承认少数人的权利，保护少数人的权利的过程才使多数原则不会因为权力的非正常运作而导致对少数人的权利构成伤害，从而保证了民主的健康运行。我国学者丛日云指出："近代民主与古代民主的一个基本区别，就在于近代民主以个人权利为基础，那种不尊重个人权利的民主（如卢梭的民主思想）甚至被西方人视为极权主义的一个类型。这在西方是经过近二千年历史演化的结果。"①

还是以民主派的代表杰斐逊为例。我们看到，杰斐逊并不是一般地相信多数原则，而是在承认多数原则之外考虑到了少数人的权利。在他的思想当中，共和主义有着丰富的内涵，它不仅应该体现多数原则，同时还应该体现出正义的原则。他指出：

> 正义是社会的根本大法；大多数人压迫一个人就是犯罪，是滥用自己的力量，是根据强权法则行事从而破坏了社会的基础，共和的实质是凡是公民有条件有能力处理的事都由公民亲自处理，此外的一切事务由他们直接挑选的并可以由他们撤换的代表来处理；一个国家共和的程度同这个原则在其结

---

① 丛日云：《西方政治文化传统》，大连：大连出版社1997年版，第186—187页。

构中实施的程度成比例……①

一向不轻易发表政见的杰斐逊在第一次就职演说中表达了他民主施政的纲领。经过精心准备，这篇演说三易其稿，成为展示杰斐逊政治思想及抱负的一篇杰作。在这篇演说中，杰斐逊郑重地申明了维护少数权利的原则，他指出："大家也都会牢记一条神圣的原则：虽然在任何情况下都应该以多数人的意志为重，但是那个意志必须是合理的才能站得住脚，而且少数人也享有同样的权利，必须受平等的法律保护，如果加以侵犯就是压迫。"②

德沃金明确指出："多数人的利益并不高于权利，因此超脱于政治上的大多数的要求之外的法官，处于一种较好的位置来评价政策。"③ 这实际上明确了权力法治化的另一个途径，即以司法权力来制约民主权力，从而避免民主权力可能犯的错误。

就美国来讲，早在 1787 年的制宪会议期间，司法审查权就引起了代表们的普遍分歧。根据米诺夫的统计，有大多数代表认为，联邦法院应该拥有司法审查的权威。④ 在汉密尔顿看来，"限制民主宗派的惟一有效方法就是设立有力

---

① 〔美〕杰斐逊等：《资产阶级政治家关于人权、自由、平等、博爱言论选录》，北京：世界知识出版社 1963 年版，第 80 页。

② 〔美〕杰斐逊：《第一次就职演说》，载〔美〕杰斐逊：《杰斐逊选集》，朱曾汶译，北京：商务印书馆 1999 年版，第 305 页。

③ 〔美〕德沃金：《认真对待权利》，信春鹰、吴玉章译，北京：中国大百科全书出版社 1998 年版，第 120 页。

④ Bruce Miroff, *The Democratic Debate*, Boston: Houghton Mifflin Company, p. 33.

的总执法官"。① 而杰斐逊则正相反,"作为民主派,他不会把主权交给司法部门"。② 然而,正像达尔看到的那样,正是杰斐逊对于"立法的多数就是公共利益最合适的表达"这一原则的相信,他宁愿为着这一目的而动用总统权力。③ 这成为马伯里诉麦迪逊案的一个主要原因。结果适得其反,联邦党人更牢固地控制了司法的权力以对抗民主。

为了限制立法机构,哈耶克认为,司法审查是必要的,它使立法机构的行为更为审慎,更加符合深思熟虑的原则。尽管它可能会延缓变革的进程,但是它却"促使立宪机构必须就争议中的原则做出舍弃或重申的决定",④ 这就使立法机构能够在一定程度上避免因一时冲动而犯下大错。

德沃金认为,以法治制约权力的趋势是全球范围内的。他指出:"世界上许多其他民主制国家,包括新成立的以及发展中国家,都在朝着同一方向前进,即离开多数至上主义而倾向于更为有力的司法审查机构,这样的机构将抽象的宪法性保障解释为关于原则的问题。"⑤

然而,这一趋势亦并不是绝对的。即使是在违宪审查制度已有200多年历史的美国,宪政与民主之间的冲突也

---

① 〔美〕沃浓·路易·帕灵顿:《美国思想史》,陈永国等译,长春:吉林人民出版社2002年版,第263页。
② 同上书,第306页。
③ Robert Dahl, *Pluralist Democracy*, Chicago: Rand McNally, 1967, p. 92.
④ 〔英〕弗里德利希·冯·哈耶克:《自由秩序原理》,邓正来译,北京:生活·读书·新知三联书店1997年版,第242页。
⑤ 〔美〕罗纳德·德沃金:《自由的法:对美国宪法的道德解读》,刘丽君译,上海:上海人民出版社2001年版,第101页。

依然存在。反对罗伊判例的大法官以民主的多数为自己的裁决做辩护，而那些拥护罗伊判例的人则以自然权利相对抗。那些主张违宪审查的学者以个人权利为依据，在承认人民主权的同时为人民主权设定了一系列的限制，要求加强制度化的违宪审查以制约"当下多数"的特殊要求；而另一些学则正相反。双方争论的焦点在于民主与法治之间的冲突。①

美国学者墨菲客观地评价了民主与法治的内在缺陷。他指出：

> 民主的危险在于，没有制度化的限制，民主可能会堕落为一部分人对另一部分人的暴虐统治。法治的危险在于可能使政府无能，法官也可能自视为法律的订立者而不是法律的发现者，真若如此，法官统治恐怕比立法者统治更具破坏性。另外，法治还可能具有另一种专制的倾向，即允许少数富裕的公民凌驾于人数众多但贫穷的公民之上。②

然而，从另一个方面来看，民主与法治各自具有的内在缺陷亦决定了两者互补的益处。民主的危险在于权力的扩张，如果这种扩张没有得到有效的限制，民主极容易侵

---

① 〔美〕罗纳德·德沃金：《自由的法：对美国宪法的道德解读》，第83—97页。

② 〔美〕墨菲：《大陆法、普通法与宪政民主》，信春鹰译，参见刘军宁主编：《经济民主与经济自由》，北京：生活·读书·新知三联书店1997年版，第238页。

犯个人权利，发生所谓的多数暴政；而法治的危险在于权力的专断，这种专断不但会表现为法官专制，而且还可能过于束缚政府的手脚，使其无所作为。民主与法治各自的内在缺陷是互补的，即民主需要法治作为"制度化的限制"，而法治则需要民主克服本身所具有保守性和"专制的倾向"。

正是因为如此，民主与法治紧密地结合在一起，构成了西方宪政民主制度的基本维度。实际上，韦伯早就看到，"自从法国大革命以来，近代法律家和近代民主便水乳交融密不可分。"① 就当代西方政治文明的基本情况来看，人们仍然难以离开民主与法治谈论政治问题，它们构成了政治文明的两块"拱顶石"。米歇尔曼指出：

> 这两个宪政主义的公式——自治和法治——似乎表达了这样一种要求，我们应该尊重其为政治自由的两个基本要求：第一个要求由人民来决定哪些将成为其社会生活的规范；而第二个要求保护人们免于专横权力的滥用。仅仅通过制定或认可法律并不能达成和解。②

我们看到，权力的民主化与法治化而构成的复合制度化样式是统一的，通过民主方式，社会成员被动员起来，

---

① 〔德〕马克斯·韦伯：《学术与政治》，冯克利译，北京：生活·读书·新知三联书店1998年版，第75页。

② Frank Michelman, Law's Republic, *The Yale Law Journal*, Volume 97, Number 8, July, 1988, p. 1501.

在此基础上形成的法治秩序又为国家反作用于社会提供了合法性。因此，挪威学者西阶尔斯特德（F. Sejersted）指出，"民主和法治可以被看作是克服国家与社会之间的矛盾的两种不同的方法。"① 实际上，正是这种复合的制度化使得人们对现代民主的理解存在着不同的层面。哈贝马斯指出：

> 对民主的现代理解有别于经典的对民主的理解，是由于同一种法权类型的关联。这种法权的特别之处在于有这样三个标志：现代的法权是实定的、强制的和按个体构建的。这种法权由一些规范所构成，这些规范是通过立法者形成，得到国家方面承认，并以保证主体的各项自由为目标的。②

我们看到，两种权威并存的论证不但存在于洛克这样的一些古典作家的著作中，人们亦可从罗尔斯、庞德、菲尼斯、登特列夫的著作中发现。尤其值得一提的是，无论是阿克曼的"宪政民主二元论"，还是哈耶克的"法律立法二元论"，如果从权力的角度出发，实际上都是在强调权力民主化与法治化共生互动而显现出来的权力复合制度化的过程。

---

① 〔挪〕弗朗西斯·西阶尔斯特德：《民主与法治：关于追求良好政府过程中的矛盾的一些历史经验》，载〔美〕埃尔斯特、〔挪〕斯莱格斯塔德编：《宪政与民主——理性与社会变迁研究》，潘鹏程译，北京：生活·读书·新知三联书店1997年版，第152页。

② 〔德〕哈贝马斯：《民主法制国家：矛盾的诸原则之间一种背谬的联结?》，薛华译，载《世界哲学》2002年第6期，第68页。

三、权力复合制度化的内在张力

伴随着民主化进程的不断深入，权力的民主化也逐渐达到了一个顶峰，它要求权力来自人民，人民通过自由而平等的选举来决定公共事务。我们看到，与这一过程相伴随的，却又是自古代西方开始就一直存在着的那种限制权力，试图将权力通过法治的方式加以控制。两种制度化过程同时进行，但却并不是两条平行线，而是两条交织在一起的线，有时甚至是难以辨认，这就使得两种制度化过程的紧张也因此而得以彰显。

就理想化的假设来看，人们可以认为在民主整合与个人偏好之间存在一个交汇点，在这一点上，民主整合的结果正好等于每个人的个人偏好。现实政治越是接近这个点，其理想色彩就越浓，社会的一体化程度就越深，权力的合法性就越强，能力也就越高，然而，公共权力与个人权利之间发生冲突与摩擦的可能性就越会增加；越是远离这个点，其现实性就越浓，社会的一体化程度就越浅，权力应用的范围就越小，相应地，公共权力与个人权利之间发生冲突与磨擦的可能性也就越会减少。思考的枝蔓向两个方向伸展的结果构成了自由主义与共和主义两大思潮的逻辑基础，而其间体现出来的共性与个性的循环往复甚至可以将无政府主义、保守主义、社会主义等种种政治思潮定位在一个横向的坐标轴上。

整体上大幅度地缩减民主的范围显然可以从根本上一劳永逸地解决均衡的问题，即民主整合的范围越是缩小，其均衡的可能性就越大。事实上，正是这种正相关使国家与社会分离以及它们之间界限的保持得到了合理的论证。然而，对一个还没有健康发展的社会来讲，如果既没有完善的市场，亦缺乏自由的个体以及良好的人际关系，民主范围的缩小无疑会使整个社会滑向一种无政府状态。

在现实主义与理想主义之间，特定的民族在特定的时代需要找到一个合理的均衡点。这样，民主的整合以及领域划分的现实性需要引入外在的变量，即时间、地点以及主体等因素，它直接决定了在国家与社会的分离、民主与法治的建构以及与此相应的种种政治行为和政治意识。

作为一种偏好的采集与处理的程序，民主不可避免地会在某种程度上整合公民的意见，因此，民主隐含着对集体或社会因素的强调。民主政治的逻辑是采集个体偏好，进行整合形成政策或法律，并强加给每个个人。然而，民主很难做到集体偏好与个人偏好的完全重合，从而注定了公民权与人权之间的紧张关系。卢梭"服从自己本人"的命题中所包含的国家与个人之间的紧张关系演化为公域自治与私域自律、人民主权与人权、公民权与人权等一系列对立统一的关系，最终表现在民主与法治的冲突上，揭示了西方宪政民主理论的逻辑困境。通观西方政治发展史，这一困境所内含的种种对立因素并没有被一元化的体系吃掉，而是以"对立—互动"的模式保持着动态的均衡，至今依然清晰可见。

困 境 编

第七章　中西限权理论的历史困境

政治现代性的展开越来越将其主题集中于权力和权利两个元概念维度，由此带来的是现代西方政治学话语体系的革命性变化，在语义、语词、语法等诸多方面整体地实现了古今之间的超越。单就权力的维度来看，发展权力与限制权力构造了一个两难困境，它甚至超越了中西两分的语境，具备了一般的现代化意义。本章试图从中西政治现代化过程中就发展权力与限制权力的一般理论作一回顾，并在此基础上得出政治现代化建设的一些基本命题。

一、权力宰制法治：近代中国法治的双重负累及其畸变

在国家主权与个人权利积贫积弱的近代中国，发展权力与限制权力、个人权利与国家权力的双重诉求带来的是法治发展的双重负累。应该说，人们并非没有正确认识西方法治，然而，在双重负累的重压下，中国走上了一条沉重的法治之路。

梁启超早年从限制权力、保障权利两个方面理解西方

法治，可以说是抓住了西方法治精神的实质。然而，梁启超时而主张兴"民权"，以自由、平等为"救世之良药"；时而主张重"国权"，以君主立宪为"适时之美政"，① 表现出无所适从的政治心态。而后，梁启超由英美自由主义转向了德国的国家主义，主动地离开法治价值，走向了独立与富强的目标。他指出："我中国今日所最缺点而急需者，在有机之统一与有力之秩序，而自由平等直其次耳"。② 在个人权利与国家权力之间，独立与富强的压力使梁启超不但把自由与平等放到了次要位置，而且将团体自由视为自由的实质。他认为，"自由之者，团体之自由，非个人之自由也。野蛮时代，个人之自由胜而团体之自由亡；文明时代，团体之自由强而个人之自由减"。③ 及至最后，梁启超甚至"将任何有关个人自由的法规都看作是对他所怀抱的集体自由的潜在伤害"，④ "其基本的政治主张甚至从"君主立宪"退至"开明专制"。

严复的困境亦在于此。早年严复大量译介西方法学著作，深得西方法治观念的真谛。在严复看来，民主政治并不是西方政治文明的根本，与自由相比，民主只不过是实

---

① 萧公权：《中国政治思想史》，石家庄：河北教育出版社1999年版，第31页。

② 梁启超：《政治学大家伯伦知理之学说》，载《饮冰室合集》文集十三，北京：中华书局1936年版，第69页。

③ 梁启超：《新民说》，载《饮冰室合集》文集四，北京：中华书局1936年版，第44页。

④ 张灏：《梁启超与中国思想的过渡》，南京：江苏人民出版社1995年版，第143页。

现自由的工具而已。他明确指出："故言自由，则不可以不明平等，平等而后有自主之权；合自主之权，于以治一群之事者，谓之民主"。① 正是在这一认识的基础上，严复提出了"自由为体，民主为用"② 的政体原则，可谓开中国法治观念之先河，闪烁着真知灼见。然而，后期的严复则逐渐走向国家主义。在"国群自由"与"小己自由"之间，严复认识到，中国需要的并不是限制国家权力和保障个人权利，而是所谓的"国群自由"。他指出，"故所急者，国群自由，而非小己自由也。"③

在强调个人自由与达成国家富强的两难困境中，严复、梁启超等早期的自由派试图以所谓的"调适"为手段将两者更好地结合在一起。然而，其结果却是在富强与独立的诱惑下转向了国家主义。直到20世纪中叶，国家主义仍然有一定的市场，直接影响了傅斯年、丁文江、钱端升、蒋廷黻、翁文灏、林同济、雷海宗等人。陷入误区的政党政治、多灾多难的议会政治、形同虚设的司法机构、腐败的行政系统，这一切让人们看到的只是西方政治制度在中国生下的畸形儿。身为芝加哥大学博士的蒋廷黻甚至认为，"我们愈多谈西洋的主义和制度，我们的国家就愈乱了，就

---

① 严复：《严复集》第1册，王栻主编，北京：中华书局1986年版，第3页、第118页。
② 同上书，第23页。
③ 同上书，第985页。

愈分崩离析了"。①

事实上，作为革命派的孙中山亦试图依靠军阀的力量完成革命，承认在中国实行"宪政"之前实行"军政"与"训政"的必要性。即使是胡适、罗隆基等"人权派"亦更多受英美新自由主义的影响，这一自由主义流派思想特质中"积极自由"的成分使他们对权力的戒备马马虎虎。在胡适的身上，人们仍然会发现这样的吊诡，"一边反现政府，一边又维护现政权。维护现政权，是出于反暴力；而反对现政府，则是为了搞宪政。"②

"游美国而梦俄罗斯"的现世处境与"心向共和，身在君主"的马基雅维里情结成为百年中国法治主义者的真实写照。在衣食无足、仓廪不实的情况下，内外交困的中国人不但不会将宪政建设同权力的限制与权利的保护联系起来，反而会以富强与独立置换法治本身的价值，创造所谓的"中国式宪政语境"，③将国家的建构视为政治合法性的基础。在今天看来，中国的自由派蜷曲着期待伸展，其真正的价值更多的在于这样一种思考的开启："在中国文化的脉络中，我们要如何建立一个不仅自由、富裕，也是文明

---

① 蒋廷黻：《论专制并蒋胡适之先生》，《蒋廷黻选集》，台北：台北传记文学出版社1979年版，第454页。
② 邵建：《事出刘文典》，载《书屋》2002年第8期，第36页。
③ 王人博：《宪政的中国语境》，载《法学研究》2001年第2期，第144页。

与道德的理想社会。"①

一方面，人们渴望强大的国家权力以实现法治，而另一方面，掌握了国家权力的统治者却无所顾忌，在日益膨胀的权力欲望中制造越来越危险的肥皂泡。这种膨胀迅速地推倒还停留于思想层面的法治围墙，畅通无阻地侵入了社会领域。在权力的宰制下，所谓的"法治"成了一场又一场的民意强奸。梁启超不无讽刺地指出：

> 近来听见世界有个"法治"的名词，也想捡来充个门面，至于法治精神，却分毫未曾领会。国会省议会，天天看见第几条第几项的在那里议，其实政府就没有把他当一回事，人民就没有把他当一回事，议员自身更没有把他当一回事。②

通观近代中国法治的发展，我们发现，限制权力的观念在很长的时间里没有得到应有的尊重。宪法要么是缓和阶级矛盾的花言巧语；要么成为强权刺刀下的俘虏，军事独裁招摇过市的遮羞布。一方面是权力的缺失，无论是康有为等维新派的君主立宪，还是孙中山等革命派的国民立宪，均成无根游谈，宪法成为勾画乌托邦的废纸，在权力的宰制下成为麻木的玩偶。另一方面则是权力的专断，无

---

① 黄克武：《自由的所以然——严复对约翰弥尔自由思想的认识与批判》上海：上海书店出版社2000年版，第309页。就这一思想，本文还参考了〔美〕本杰明·史华兹：《寻求富强：严复与西方》，叶凤美译，南京：江苏人民出版社1996年版，第227页。

② 梁启超：《组织能力及法治精神》，载刘军宁编：《北大传统与近代中国》，北京：中国人事出版社1998年版，第167—168页。

论是清政府的预备立宪，还是蒋介石的《中华民国宪法（草案）》，均成专制、独裁的粉饰与伪装，在权力的膨胀中演绎了引火自焚的悲剧下场。

二、主权高于法律：从马基雅维里到卢梭

主权的一元论符合了民族国家兴起的历史运动。然而，主权观念的甚嚣尘上并没有使权力的制约问题销声匿迹。就理论形态来看，至高无上的主权观念同西方文化传统的法治观念存在着冲突，民族国家兴起的历史进程充满了主权与理性自然法的痛苦挣扎，使得人们在坚持主权观念的同时亦陷入了混乱与分裂。在权力与法治之间，一元论者首鼠两端，既渴望强大的、不受制约的权力，又一厢情愿地希望这种权力接受法治，最终在权力与限制权力的两难选择中买椟还珠，使法治陷入困境。

民族国家找到的第一位代言人就是马基雅维里，然而，它同时又把这位虔诚的朝圣者分裂成它的第一个思想怪物。在这位被称为"近代政治学之父"的思想奇才身上，深深地埋藏了一种"心向共和、身在君主"的"马基雅维里情结"。

马基雅维里的政治思想主题是尖锐的，它集中反映在所有政治的核心问题上，即"权力和良心之间，力量和美德之间，目的和手段之间的关系；他拒绝接受常规的答复

并坚持认为总能找到答案"。① 马其雅维里情结的悖论性被外化在 1513 年写成的《论提图·李维的前十卷》以及《君主论》这两本看起来自相矛盾的重要著作上。在第一本书中，作者盛赞罗马的共和政体，视其为理想的政治制度；而在后一本给作者带来极大声誉的书中，作者却转而赞成君主制，主张意大利采用罗马共和国时期的"狄克推多制"，从而完成意大利的统一大业。对前一本书，其中的大部分能让"十八世纪的自由派读了点首赞许"；② 而后一本，即使是专制君主读了也会感到恐惧。对此，马基雅维里做出的解释是：

> 在腐败的城市维系或创新共和体制有其困难，甚至是不可能的。如果真的在那儿维系或创造一个共和体制，那么把它转向国王政体比转向平民政体更有必要，俾使由于傲慢而不可能被法律纠正的人可望因君主的权力而有所节制。③

由这段话我们可以看到马基雅维里的良苦用心。为了实现共和理想而通过君主政体求得秩序，实现法治正是马基雅维里的苦衷与尴尬，它是马基雅维里情结的最关键的一个结，但却是个"死结"。

---

① 〔英〕阿伦·布洛克：《西方人文主义传统》，董乐山译，北京：生活·读书·新知三联书店 1998 年版，第 34 页。
② 〔英〕罗素：《马基雅维利论》，载〔意〕马基雅维里：《君王论》，惠泉译，海口：海南出版社 1994 年版，第 172 页。
③ 〔意〕马基维利：《李维罗马史疏议》，吕健忠译，台北：左岸文化 2003 年版，第 55 页。

如果说马基雅维里在理想与现实之间的进退维谷是意大利长期分裂的真实写照的话，那么，布丹在主权问题上的混乱不堪则恰恰是法国内战的思想倒影。市民阶级的成长和国内的动荡使布丹在马基雅维里之后成为主权困境的殉道者，半推半就地做了君主专制的辩护人。

与马基雅维里一样，布丹亦是出于对秩序的考虑和强大主权的追求而离开民主共和，选择君主专制的。尽管布丹认为民主政体合乎自然，但他还是选择了君主政体，并认为君主政体是最好的政体，是实现真正统一和不可分割的国家权力的唯一形式。在布丹看来，无论是贵族制还是民主制，都容易导致政治的不稳定，只有君主制才能充分地体现主权的力量，从而保障政治稳定。

在亚里士多德那里仅仅作为自然过渡环节的家庭被布丹改造，用来对抗绝对权力。布丹区分了私有财产与公有财产、国家与家庭，并在此基础上发展了罗马法管辖权的观念，试图以不可剥夺的家庭权利来对抗至高无上的王权。这种区分使布丹的国家理论同时包含了两个绝对物："家庭的不可取消的权利"和"主权者的无限立法权力"。然而，当布丹试图将"家庭不可转让的权利同国家的绝对权力联系在一起"时，他的理论"造成了不可克服的逻辑困难"，在这一点上，布丹陷入了"彻头彻尾的矛盾"。①

---

① 〔美〕萨拜因：《政治学说史》下册，刘山等译，北京：商务印书馆1986年版，第467页。

另一方面，布丹试图以所谓的"高级法"① 弥合主权与法治之间的矛盾，即以高级法限制主权。这就又引入了布丹主权理论的第二对"绝对物"：即主权与"高级法"。在这一点上，布丹再一次陷入了混乱，这一混乱甚至成为"法理学上分析方法和历史方法之间长期争论的起点"。② 当人们审视布丹的主权理论体系时，他的混乱几乎是被贴在脸上的：一方面，他要求主权的至高无上；另一方面，他又要求作为最高主权者的君主遵守自然法的规范，宣称"君主没有权力反对自然法"。③ 在这样的"双重权威"面前，布丹无法做出决断。④

---

① 刘山等的译文原文为"《帝国法》"。参见〔美〕萨拜因：《政治学说史》下册，刘山等译，北京：商务印书馆1986年版，第466页。据我所知，布丹并没有这样一部著作。该词原文为拉丁文"leges imperii"，其中，imperii 的英文解释有 command；authority；rule，supreme power；the state，the empire 等意，根据布丹的理论体系，"leges imperii"词意类似考文所称的"高级法"，而不应译为"《帝国法》"。参见 George H. Sabine, *A history of political theory*, New York: Henry Holt and Company, 1950, p. 409. 本句译文参照原文有所修改。

② 〔美〕萨拜因：《政治学说史》下册，刘山等译，北京：商务印书馆1986年版，第467页。麦克里兰亦认定布丹在这一点上容易陷入矛盾。但是，人们可能因为过于从现代立宪主义角度出发，从而夸张了这一矛盾。参见〔英〕麦克里兰：《西方政治思想史》，彭淮栋译，海口：海南出版社2003年版，第322页。

③ Jean Bodin, *On Sovereignty: Four Chapters from The Six Books of a Commonwealth*, trans., Julian H. Franklin, Cambridge: Cambridge University Press, 1992, p. 13.

④ Julian H. Frankin, *Jean Bodin and the Rise of Absolutist Theory*, Cambridge: Cambridge University Press, 1973, pp. 70-92. 参见杨永明：《民主主权：政治理论中主权概念之演变与主权理论新取向》，载《台大政治科学论丛》1996年第7期。

布丹的混乱是近代西方政治文明发展的一个关节点。如果将布丹的混乱放到民族国家兴起的大背景下观察，人们就会发现，布丹的混乱只是一系列困境的一个环节，所有以主权为手段分析国家的理论都无法绕开它。它就像一个"连环套"，在布丹之后，不但套住了作为专制主义者的霍布斯，而且还将作为民主主义者的卢梭绑在了一个更为困惑的结上。

阿伦特曾经指出："一切运动的特点都是蔑视法律"。① 民族国家以主权为自己辩护，要求以至高无上的国家权力作为后盾拓展空间，这就注定了主权理论蔑视法律的本性。对权力与稳定的渴求终于使本来就摇摆不定的一元论者否认对主权的法律约束，以强大的权力淹没了法治。马基雅维里完全将法律作为达到政治统治目的而使用的一种手段。② 在马基雅维里的双重标准中，统治者不仅"置身于法律之外"，而且"不受道德的约束"。③ 布丹亦明确地以法律为假想敌人，拒斥法律对主权的限制。他指出，主权是在一个国家中进行指挥的一种绝对的、永恒的权力，它是

---

① 〔美〕汉娜·鄂兰：《极权主义的起源》，林骧华译，台北：时报文化1995年版，第352页。

② 〔意〕马基雅维里：《君主论》，潘汉典译，北京：商务印书馆1985年版，第57页。

③ 〔美〕萨拜因：《政治学说史》下册，刘山等译，北京：商务印书馆1986年版，第401页。

"超乎公民和臣民之上,不受法律限制的最高权力";① 主权者则因此而超然于法律之外,法律的权威只及于除主权者之外的所有人。②

霍布斯继承并发展了布丹的主权理论,两人的主权理论表现出了惊人的相似。这种相似性反映了这样一个事实,那就是,无论在欧洲大陆还是在英格兰,对强大权力的渴望是一致的。霍布斯赋予君主的"主权权利"几乎无所不包,而且,霍布斯断然否认任何对主权者的约束。他指出:

> 国家的主权者不论是个人还是会议,都不服从国法。因为主权者既有权立法废法,所以便可以在高兴时废除妨碍自己的法律并制订新法,使自己不受那种服从关系的约束;这样说来,他原先就是不受约束的。因为愿意不受约束就可以不受约束的人便是不受约束的。而且任何人都不可能对自己负有义务,因为系铃者也可以解铃,所以只对自己负有义务的人便根本没有负担义务。③

正是从这一点出发,霍布斯认为,主权者的自我约束

---

① Jean Bodin, *Six Books of the Commonwealth*, vol1, translated by M. J. Tooley Oxford: Basil Blackwell, 1955, p. 25. Jean Bodin, *On Sovereignty: Four Chapters from The Six Books of a Commonwealth*, translated by Julian H. Franklin, Cambridge: Cambridge University Press, 1992, p. 3. 另可参见〔美〕萨拜因:《政治学说史》下册,刘山等译,北京:商务印书馆1986年版,第462页。

② Jean Bodin, *Six Books of the Commonwealth*, vol1, translated by M. J. Tooley Oxford: Basil Blackwell, 1955, p. 43.

③ 〔英〕霍布斯:《利维坦》,黎思复、黎廷弼译,北京:商务印书馆1985年版,第207页。

是不可理解的。"因为市民法是全体市民的法律,所以全体市民不受市民法的约束。如果全体市民受市民法的束缚,那她就是自我约束"。① 为了强调主权者的不受约束,霍布斯就是以这样的一个主权循环悖论为主权者的不受约束提供了最为经典的论证。在探讨国家致弱和解体的因素时,霍布斯指出:

> 主权者本身(也就是国家)所订立的法律,他自己却不会服从。因为服从法律就是服从国家,服从国家就是服从主权代表者,也就是服从他自己;这就不是服从法律,而是不受法律拘束了。这种错误的看法由于将法律置于主权者之上,便同时也将一个法官和惩办他的权力当局置于他之上,这样便是造成了一个新的主权者;由于同一理由,又可将第三个人置于第二者之上来惩罚第二者,像这样一直继续下去,永无止境,使国家陷于混乱和解体。②

霍布斯描述了以法律限制主权存在的困境:"主权之上的主权"使主权陷入了一个无休止的循环,即对主权的限制会造就一个新的主权,而新的主权又要接受限制,再造一个新主权……最终,人们变得无所适从,国家亦陷入混

---

① Thomas Hobbes, *Man and Citizen*, edited by Bernard Gert, Gloucester, Mass: Peter Smith, 1978, p. 183.

② 〔英〕霍布斯:《利维坦》,黎思复、黎廷弼译,北京:商务印书馆1985年版,第253页。

乱和解体之中。

事实上，霍布斯的这种主权循环悖论在洛克那里亦被以一种绝断式的陈述表达出来。在《政府论》一书中，他几乎是以相同的口吻说道："在一切场合，只要政府存在，立法权是最高的权力，因为谁能够对另一个人订立法律就必须是在他之上。"① 在洛克那里，尽管论证的逻辑与霍布斯有着惊人的一致，但论证的主体还是发生了重大的变化，这就使洛克议会主权的民主性得到了空前的提升，从而使洛克有资格成为霍布斯与卢梭之间的一条纽带。

在理性与意志、权力与约束之间，卢梭的一元论向前走了一大步，从而形成了人民主权的理论，但是，他也并没有解决权力约束的难题，反而沿着马基雅维里—布丹—霍布斯的路线滑向了主权一元论的最深处。从君主专制到民主共和，卢梭的理论与霍布斯的理论之间存在着巨大的差异，然而，就一元论的主权逻辑来看，两者之间却存在着惊人的一致。就权力约束的问题，卢梭亦发出了"不得约束自身"的禁令：②

> 主权者若是以一种为他自己所不得违背的法律来约束自己，那便是违反政治共同体的本性了。既然只能就唯一的同一种关系来考虑自己，所以就每

---

① 〔英〕洛克：《政府论》下卷，瞿菊农、叶启芳译，北京：商务印书馆1964年版，第92页。
② 该用法参见〔美〕史蒂芬·霍姆斯：《先定约束与民主的悖论》，载〔美〕埃尔斯特、〔挪〕斯莱格斯塔德编：《宪政与民主——理性与社会变迁研究》，潘勤译，北京：生活·读书·新知三联书店1997年版，第226页。

个个人而论也就是在与自身订约；由此可见，并没有而且也不可能有任何一种根本法律是可以约束人民共同体的，哪怕是社会契约本身。①

一元论的主权观强调至高无上，不受任何约束的主权，这就使得主权的拥有者掌握了不受限制的权力。按照这样的主权理论，有了主权者，就不会有自由；或者说，在一个自由的社会中，就找不到主权者。无论是君主主权还是人民主权，其结果都是一样的。因此，无论是马基雅维里、布丹、霍布斯还是卢梭，它们的困境在于过于张扬一元论的主权观念，结果却挤掉了法治的位置。

三、限权之限的历史与逻辑

马克思主义认为，历史与逻辑是相统一的，历史的起点当然是逻辑的起点。正是从这一角度，我们不难理解中西政治思想在现代化的过程中如此不同的理论，却又如此近似的逻辑。对于这一历史与逻辑相统一的过程，列宁明确指出，"从逻辑的一般概念和范畴的发展和运用的观点出发的思想史——这才是需要的东西"。② 因此，权力限制的逻辑既源于历史，又高于历史，需要我们"按照现实的历史过程本身的规律修正"历史。③

---

① 〔法〕卢梭：《社会契约论》，何兆武译，北京：商务印书馆1980年版，第26—27页。
② 《列宁全集》第38卷，北京：人民出版社1959年版，第188页。
③ 《马克思恩格斯选集》第2卷，北京：人民出版社1995年版，第43页。

权力的无限扩张无疑会给社会带来巨大的危害。通过对西方政治发展史的长期观察，英国著名历史学阿克顿认为，"权力往往导致腐败，绝对权力绝对导致腐败。"这一权力定理被广泛地认可，揭示了权力运作的特征。

在权力造成的暴政面前，限制权力就成为人们的良好愿望；然而，良好的愿望并不是超越时间和地点的。如果说阿克顿的"权力定理"道出了权力运作的一般特征的话，那么，我们需要考虑的是限制权力的时机、对象以及方法等诸多方面。正像中西法治现代化过程中诸多政治思想家所遭遇到的那样，在这一系列问题之间，并不存在一个绝对的答案，而只能是一种动态的均衡。正是发展权力与限制权力之间的动态均衡完成了的权力的分配与限制的一系列制度，它不但解决了种种利益冲突，而且为制度冲突提供了基本的评价标准。

西方社会对强大王权的要求体现在民族国家的兴起。随着资本主义生产关系的不断发展，西欧社会希望从长时间的神权统治下解放出来，发展民族经济、政治与文化。在这种情况下，王权在混乱中代表着统一，代表着进步，发展王权成为时代的要求。建立强大的民族国家在事实上成为"中世纪进步的最重要杠杆之一"。① 与这一历史相吻合的正是从"国家理性"到"主权"学说的近代西方国家理论发展的一般过程，反映了封建割据的欧洲各国要求统

---

① 《马克思恩格斯全集》第21卷，北京：人民出版社1965年版，第452页。

一的迫切愿望，成为"塑造现代化欧洲的决定性因素"。①

正是在这样的历史背景当中，我们发现了一整套绝对主义的理论脉络，从马基雅维里到霍布斯，甚至直到民主思想家卢梭那里。他们不仅主张主权的至上性，强烈反对限制权力，还强烈地反对分权、权力的制衡。然而，西方社会后来形成的宪政主义竟是从这些人的身上发现了法治、分权、限权等理论资源。这种看起来极为悖谬的政治思想史背后，有其清晰的逻辑建构，使我们再一次发现理论与现实之间的距离。

从中国历史发展的背景来看，近代中国社会面临着全面的危机。就国内的情况来看，清王朝的皇权已经崩溃，新的全国性的权力还没有产生；就是在这种情况下，西方列强却步步紧逼，形成了内外交困的局面。中国的民主派不但面临着民主的使命，同时还担负着民族独立与富强的使命。在这种情况下，无论是王权还是军阀的权力，都成为人们饥不择食的选择。

事实上，西方社会与中国社会政治现代化的背景是不一样的，存在着"内生"与"外生"两种完全不同的处境。然而，发展权力与限制权力的主题却是惊人地相似。同时，发展权力与限制权力亦并不是一个完全能够在时间上分清

---

① A. P. d'entreves, *Natural Law: An Historical Survey*, New York: Happer & Row Publishers, 1965, p. 66. 另外可以参见 Jack Lively and Andrew Reeve, The Emergence of the Idea of Civil Society: The Artificial Political Order and Natural Social Orders, Robert Fine and Shirin Rai, *Civil Society: Democratic Perspectives*, London, Portland, or, 1997, p. 64.

先后的序列。发展权力也限制权力并不要求权力作为一个体系而存在；部分权力的发展与部分权力的限制可能并行不悖。

然而，我们也应该看到，超出约束与限制，权力解决了膨胀的饥渴，同时亦饮下了覆灭的毒酒。面对人民大众强烈的民主诉求，掌握实权的统治者一味地拖沓、回避，只能是错过良机，在进一步激化的矛盾面前走向毁灭。当清政府颁布《重大信条十九条》，欲开国会立宪法时，其威信已经扫地，政权亦处于土崩瓦解的边缘；一党专政多年后，国民党政府才想起要实行所谓的宪政，然而，政权风雨飘摇，大势已去。没有权力，法治根本无从谈起；而过分膨胀的权力却必然走向毁灭，这正是权力失败的奥秘：没有法治的约束，权力往往难以跳出其治乱循环的"历史周期律"，最终走向失败。

就中西政治现代化过程中政治思想发展的历史和逻辑来看，强调限制权力、保障权利的法治体系确实为权力的滥用提供了解毒剂，成为权力限制在制度层次的总要求；但是，西方的经验与中国的历史还告诉我们，限制权力、保障权利也并不是一个可以在任何时间、任何地点都无须论证的普遍真理。

第八章　西方权利理论的逻辑困境

在分析 1789 年法国的《人权与公民权宣言》时，英国政治思想家霍布豪斯问道：

> 还有一个非常严重的问题：最终权利属于谁？属于人民的意志，还是属于个人的权利？如果人民故意制定一些否定个人权利的法律，对此类法律应该以人民主权的名义予以服从呢，还是应该以天赋权利名义不服从？①

霍布豪斯颇为吊诡地提出了一个两难命题：如果最终权利属于人民，人民的自治实践是基本的，人们就必须承认民主的优先性。然而，个人权利就可能因民主的检验而受到侵犯；如果承认个人权利具有优先性，承认人之为人的尊严，人们就必须承认个人不可侵犯的权利要求。那么，人们通过公民权利的行使从而以民主的方式进行立法和决策的权利就会因为受到限制而无法完全展开。

---

① 〔英〕霍布豪斯：《自由主义》，朱曾汶译，北京：商务印书馆 1996 年版，第 31 页。

一、两种权利的争论

同样的问题困扰着不同的政治思想家。在公民权的实现和人权的保障之间,牵动了更多当代宪法学家和政治理论家的思考。达尔亦从近似的角度问道:"在私有财产的问题上,人们拥有像自治权一样基本的和不可能剥夺的权利吗?如果是这样的话,两种权利可能会互相冲突吗?其中一个会高于另外一个吗?"① 达尔提出的问题与霍布豪斯问题有着异曲同工之美:在被视为个人权利的财产权和被视为政治权利的自治权之间存在着冲突吗?如果存在冲突,人们又如何在两者之间做出选择呢?摆在人们面前的,是这样一个两难选择:

> 如果经济企业的私有制纯粹是工具性的安排,并且自治是基本的、不可剥夺的权利,那么,任何一种经济私有制方面的立法权力都从属于自治的权利;并且,在一个民主的国家里,人民及其代表将会被允许通过民主的程序决定任何一种特殊的安排在多大范围内均衡地获取其价值。他们能决定的是,经济企业的私有制还是公共的或是社会所有制哪个是可取的,或是别的什么不确定的可能组合是最好的。但是,如果正相反,私有制是自然的、不可剥夺的权利,那么,这一权利就会令人信服地高

---

① Robert Dahl, *A Preface to Economic Democracy*, Cambridge: Polity Press, 1985, p. 65.

于自治的权利，即使是通过民主程序，一个民族亦不能被授权剥夺这一权利。①

事实上，达尔的担心并非没有必要，逻辑层面的推演本身就是历史层面的一个展开。《人权与公民权宣言》发布以来的历史，甚至是在此之前的历史就早已经证明，在人权和公民权之间存在着深刻的矛盾。美国历史学家埃里克·方纳（Eric Foner）从历史的角度印证了霍布豪斯问题并不只是一个逻辑问题，而是历史。他认定："私有性的自由可能因公共自由而受到威胁，个人自由可能因政治自由——即掌握在人民手中的权力——而遭受损害"。②

那么，公民权与人权是不是一枚硬币的两面，可以相得益彰、殊途同归？尽管无法量化，但不可否认，多样化的人群常常在政治态度上表现为不同的强度和方向，在合力的作用下使两种政治态度的对立达成和解。因此，伯林承认，两种权利之间的妥协是可欲的。③ 当代西方的哲学、法学、政治学的诸多思想家均从不同的角度分析和论证了这一冲突，并基于这一冲突给出了自己的选择。约翰·罗尔斯由《正义论》到《政治自由主义》的思想历程正提供了这样一个例子。

---

① Robert Dahl, *A Preface to Economic Democracy*, Cambridge: Polity Press, 1985, pp. 63-64.

② 〔美〕埃里克·方纳：《美国自由的故事》，王希译，北京：商务印书馆2002年版，第50页。

③ Isaiah Berlin, *Four Essays on Liberty*, Oxford: Oxford University Press, 1984, p. 166.

罗尔斯承认，两种自由（权利）均是人类值得追求的价值。尽管存在着相对的优先性，但顾此失彼无疑会损害自由的价值。他指出："人们可能像康斯坦特那样，想坚持所谓现代自由比古代自由更有价值的看法。然而，这两种自由都深深地植根于人类的渴望之中，我们决不可为了政治自由和平等地参与政治事务的自由而牺牲思想和良心的自由、个人和公民的自由。"①

尽管如此，罗尔斯还是强调了个人权利的优先性。他指出："每个人都拥有一种基于正义的不可侵犯性。这种不可侵犯性即使以社会整体利益之名也不能逾越"。然而，民主体现了一人一票的平等和多数决定的原则，这同个人"基于正义的不可侵犯性"在理论上是相违背的。罗尔斯认为，个人权利这种不可替代的优先性为实现公民权的民主程序设立了权利的先定约束，成为民主程序正义与否的标准。罗尔斯指出：

> 宪法必须集合平等的公民权的各种自由并保护这些自由。这些自由包括良心自由、思想自由、个人自由和平等的政治权利。那种我认为是立宪民主的某种形式的政治制度，如果不能体现上述自由的话，就不是一个正义程序。②

罗尔斯将两个正义原则应用到制度安排当中，从而产

---

① 〔美〕约翰·罗尔斯：《正义论》，何怀宏等译，北京：中国社会科学出版社1988年版，第191页。文中的"康斯坦特"即法国思想家贡斯当。

② 同上书，第187页。

生了四个阶段。其中，良心自由、思想自由、个人自由和平等的政治权利是一直享有某种优先性而作为前提被考虑的，并成为程序正义与否的标准。罗尔斯这种认识申明了这一序列对政治自由和平等参与的优先性，彰显了基本权利优先于民主程序的基本认识，同时也凸显了他本人思想的自由主义特质。

《正义论》之后，罗尔斯声名鹊起，却又一直处于内外夹攻之中。不但有来自同一战壕中的同事诺齐克等自由主义者的严厉批评，而且还受到来自米切尔·桑德尔（Michael Sandel）、米切尔·沃尔泽（Michael Walzer）、阿拉斯代尔·麦金太尔（Alasdair Macintyre）等社群主义者的批评，再加上哈贝马斯等共和主义者的指责，罗尔斯的正义理论更是成为众矢之的。尽管罗尔斯的理论仍然有资格充当当代西方政治哲学的标准大纲，但其细节内容却被各执一端的理论撕开。罗尔斯在《正义论》发表之后亦不断地修正自己的理论，从而完成了其思想的重要转变。①

哈贝马斯从国家与社会分离的角度对两种自由进行了更为深刻的检查，他得出结论认为，正是政治认同与非政治认同构成了两个领域，前者由"政治参与和政治沟通的权利所构成"；后者则"受到基本自由权利的保护"。这样，两个领域就为共和主义与自由主义共同提供了弥足珍贵的

---

① 该转变的具体内容请参见万俊人：《政治自由主义的现代建构》，载〔美〕约翰·罗尔斯：《政治自由主义》，万俊人译，南京：译林出版社2000年版，第558—569页。

参照系。由此出发，哈贝马斯认为，罗尔斯的理论在于：

> 私人领域的宪法保护就享有优先性，而"在保障其他自由（权）的过程中，政治自由（权）的作用则……在很大程度上工具性的。"因此，关于政治价值领域，一个前政治的自由（权）领域便被划定了界限，它是从民主自治的范围中抽演出来的。①

事实上，哈贝马斯对罗尔斯的批评可能有失偏颇，罗尔斯对基本权利进行列举时常常将所谓的"人权"与"公民权"混合在一起。② 这使得传统自由主义的权利序列逐渐模糊，以至于人们越来越看不清它的轮廓。虽然罗尔斯亦承认政治自由的工具性地位，但是，他还是认为："即使这种看法正确，也没有什么障碍能阻挠我们把某些政治自由列入基本自由之列、并以自由的优先性名义来保护这些政治自由"。③

罗尔斯对自己的正义理论所做的种种修正甚至使与他同时代的自由主义者对他感到陌生。他没有求助于已经存在了几个世纪，一直被自由主义者视为看家本领的"抽象

---

① 转引自〔美〕约翰·罗尔斯：《政治自由主义》，万俊人译，南京：译林出版社 2000 年版，第 429 页。
② 同上书，第 241 页。
③ 同上书，第 317 页。

正义",而是另起炉灶,追求一种解释性效果。① 这使得罗尔斯具备了格外的悠闲与超脱,因为,"这样一来,核准一部限制着多数人规则的宪法,并不需要优先于人民的意志,而且在这一方面,它也不需要表现出一种对大众主权的外在强制"。②

这样,就民主自由的安全需要公民的积极参与这一点来理解,古典共和主义与罗尔斯的政治自由主义就越来越趋同了;而这亦在古典共和主义与以贡斯当和柏林为代表的自由主义之间打通了壁垒。③ 罗尔斯对自由主义与共和主义的态度表明,他的自由主义能够在公民政治参与的领域中与共和主义分享某种共同的价值。对思想和良心自由、个人和公民自由的坚守使罗尔斯并没有脱离以贡斯当、伯林为代表的"现代自由",而罗尔斯亦能在政治权利领域分享卢梭和康德的美妙感觉,自然地实现了与哈贝马斯的连接。

二、权利困境与宪政民主制的内在紧张

在人权与公民权之间并存在一个终极答案。人们必须认可的事实是,不同的权利之间存在着原则上的冲突;这

---

① 罗尔斯多次强调,他与哈贝马斯的观点的主要差异在于"他的见解是完备性的,而我的见解却是一种政治解释。"〔美〕约翰·罗尔斯:《政治自由主义》,万俊人译,南京:译林出版社2000年版,第395页。

② 同上书,第430页。

③ 〔美〕约翰·罗尔斯:《正义论》,何怀宏等译,北京:中国社会科学出版社1988年版,第218页;〔美〕约翰·罗尔斯:《作为公平的正义—正义新论》,姚大志译,上海:上海三联书店2002年版,第240页。

种冲突不可能完全消解,但又不能完全对立,因为如果主要的冲突找不到均衡点,民主政治就不可能存在。个人权利与公民自由之间存在的竞争关系使得西方的宪政民主安排陷入一种持久的紧张。就当代西方政治哲学的基本理论来看,在两种权利搭建的二元空间中,两种自由观念向两个方面拓展,从而衍生出各种各样的政治意识,在冲突的张力之中保持平衡,并以开放的态度接受外来刺激而改变自身的发展方向是两种自由或两种权利冲突的解决之道。正是在这个意义上,纯粹哲学上的争论逐渐下降到政治制度和政治意识层面。然而,无论是宪政民主的制度设计,还是自由民主理论的观念培养,都没有解决这一内在矛盾,只是使其陷入了更加矛盾的二元紧张。

当代美国大名鼎鼎的法学家罗纳德·德沃金明确指出,在保护个人权利这一点上,宪政"保护了消极自由,如言论自由与'隐私权',这正是以自我决定的'积极自由'为代价的"。也就是说,宪法保护了个人权利,其结果却是牺牲了集体自由。① 这种牺牲"集体自由"和"积极自由"的做法又从根本上损害了民主。尽管在这一传递过程中结果并不总会一致,但基本的趋向还是会表明这样一个信息:消极自由与积极自由、个人权利与政治权力之间的紧张会直接影响到宪政与民主的制度设计,从而将价值形态的冲突转化为制度层面的冲突。

---

① 〔美〕罗纳德·德沃金:《自由的法:对美国宪法的道德解读》,刘丽君译,上海:上海人民出版社2001年版,第26页。

就政治制度的结果来看，对霍布豪斯问题的不同回答构建了当代西方政治制度的基本格局，外在地表现为宪政民主制度的内在紧张。权利法案对民主权利的排斥就集中地体现了这一点。在1943年的升旗礼案中，法官罗伯特·杰克逊（Robert Jackson）在判决中指出：

> 权利法案的真正宗旨，就是要把某些事项从变幻莫测的政治纷争中分离出来，将其置于多数派和官员们所能及的范围之外，并将其确立为由法院来适用的法律原则。人的生命权、自由权、财产权、言论自由权、出版自由、信仰和集会自由以及其他基本权利，不可以受制于投票：它们不依赖于任何选举之结果。①

美国另一位著名法学家奥利佛·霍姆斯（Oliver Holmes）评论道，从杰克逊法官提供的视角来看，宪政在本质上是反民主的。他指出："宪法的基本功能是将某些决定从民主过程中清除出去，也就是说，束缚这一共同体的手脚。"②我们看到，在法治的保障下，权利法案否认并排除民主权

---

① West Virginia State Board of Education v. Barnette, 319 U. S. 624, at 638. (1943) 中译文参见〔美〕史蒂芬·霍姆斯：《先定约束与民主的悖论》，载〔美〕埃尔斯特、〔挪〕斯莱格斯塔德编：《宪政与民主——理性与社会变迁研究》，潘勤译，北京：生活·读书·新知三联书店1997年版，第224页。本文参照原文略有改动。

② 〔美〕史蒂芬·霍姆斯：《先定约束与民主的悖论》，载〔美〕埃尔斯特、〔挪〕斯莱格斯塔德编：《宪政与民主——理性与社会变迁研究》，潘勤译，北京：生活·读书·新知三联书店1997年版，第224页。

力的整合作用,这在一定程度上限定了民主权力的范围,从而绷紧了法治与民主之间的张力。方纳在《美国自由的故事》一书中指出:

> 在20世纪中被称为"权利话语"的运动其实表现了自由与民主之间在美国生活中始终存在的一种紧张关系。因为权利既是民主的,同时又是一种对民主的否定——权利的民主性体现在任何人都可以要求得到权利;其不民主性体现在:为了保护权利,必须抵制权力——包括人民自己的权力——对权利的侵犯。①

实际上,由宪法规定的权利本身就是民主化的产物;但是,权利的保护确实可能会干预民主的过程,从而在事实上使民主过程出现例外,使多数的决定被排除在人们的最终选择之外。著名法学家凯斯·孙斯坦(Cass Sunstein)指出:

> 有关权利的规定,旨在使某些领域不受多数主义的控制,但它们还承担着不同的功能。对某些权利的保护,根源于保护民主的需要,不论对民主做何种理解……但是,权利也可能是反民主的,这就是这些权利出于维护民主运作的愿望以外的理由而

---

① 〔美〕埃里克·方纳:《美国自由的故事》,王希译,北京:商务印书馆2002年版,第53页。

干预了民主过程。①

要回答霍布豪斯的问题，就必须解决人权与公民权的先后顺序，这在宪政民主制度中体现为给宪政和民主的优先性问题。如果权利先于民主而存在，那么，权利就会被排除在民主协商的日程之外，而具备了原初状态的自然意义，甚至排除了通过修宪予以变更的可能性；如果权利来源于国家，那么，它的正当性就必须接受民主程序的检验，并按照不同级别的立法行为予以确认。

就宪政民主制度赖以维系的政治意识形态来看，对霍布豪斯问题的不同回答区分了两大政治思潮：共和主义与自由主义。在权利起源的问题上，共和主义与自由主义的争论历久弥深，从两个不同方向塑造了西方的政治文化，深刻地反映了民主与法治之间的紧张关系。共和主义认为，权利出于约定，它是人们之间契约的产物，取决于通过民主程序形成的法律，并试图在民主程序中达成政治共同体的自我理解和主权的自我决定，并接受民主程序对它的修正。与此相反，自由主义则坚持自然权利的传统，将个人权利视为先验的，不证自明的存在，并试图以宪法性的制度安排使个人权利超越于民主程序的讨论过程。

尽管如此，两种传统的发展还是就某些问题达成了一致。比如，出于对多数暴政的共同考虑，共和主义和自由

---

① 卡斯·R. 森斯坦：《宪法与民主：跋》，载〔美〕埃尔斯特、〔挪〕斯莱格斯塔德编：《宪政与民主——理性与社会变迁研究》，潘勤译，北京：生活·读书·新知三联书店1997年版，第374页。

主义都强调某种权利即使以多数之名亦不容侵犯。① 然而,两者在论证的方式上还是存在着重大分歧:自由主义强调权利着眼于对个人自我选择能力的尊重;而共和主义则更多地将权利的证明与某种目的或目标相联系。② 这种分歧直接决定了两者对待民主的不同态度。佛兰克·米歇尔曼(Frank Michelman)认为:

> 对共和主义者来说,权利说到底不过是主要政治意志的抉择,而对自由主义者来说,权利则是超政治理性或启示的"更高法则"……共和主义认为,共同体的对象,共同的善,在于其政治成功地确定、建立、实现和坚持了一系列的权利,而且十分合乎共同体的语境和习俗;而自由主义则不然,他们主张,更高的法律权利为权力要求提供了先验结构和先验条件,以便使对不同利益的多元追求尽可能地获得允许。③

三、权利困境的逻辑结构

在市民社会中,个人之间的冲突与竞争常常是无序的,

---

① Michael Sandel, "On Republicanism and Liberalism," *The Harvard Review of Philosophy*, spring 1996, p. 68.
② Ibid., p. 72.
③ F. I. Michelman, "Conceptions of Democracy in American Constitutional Argument, Voting Rights," *Florida Law Review*, 41, 1989, pp. 446-447. 参见〔德〕哈贝马斯:《包容他者》,曹卫东译,上海:上海人民出版社2002年版,第282页。

国家的产生正是摆脱这一状态的最初努力，为政治文明提供了基础。与专制制度相比，民主保证了公民的政治权利，它使法律的服从者同时亦成为法律的制定者，以参与制度建设的方式缓和了体现在市民社会中的个人与个人之间无规则的冲突与竞争。然而，民主同时亦使市民社会中的种种冲突与竞争流入了国家的政治领域，从而使掌握了民主权力的群体倾向于以越权的方式深入到市民社会内部，就有可能侵犯个人权利。这就造成了政治权利与个人权利的冲突。

在国家当中，人们要求个体的独立性，要求以法治保障不受政治权力侵犯的个人权利；然而，当他们走进国家的领域时，他们又要求公民权，希望通过民主的过程实现共同的利益。人权与公民权之间的博弈在于：个人越是要求人权，由于公民权的行使而展开的民主立法、民主决策等的范围就越少，公民权的圈子就会越小；个人越是要求公民权，作为权力存在的力量就会越有可能深入到为个人权利保留的领域当中去，人权的领域就越是会受到挤压。权利的不同要求以不同的形式表现出来，却形成了不可消解的冲突。马克思曾经深刻地指出两种权利之间冲突的实质：

> 作为同业公会等等的权利的政治权利同作为政治权利、作为国家权利、公民权利的政治权利有着尖锐的矛盾，因为这种权利不应当是作为特殊存在

的这种存在的权利，不应当是作为这种特殊存在的权利。①

事实上，马克思曾经非常明确地指出了资本主义社会人权与公民权相分离的事实，明确地区分了两种不同类型的权利。与人权不同，公民权则更多的是一种政治权利，只有同别人一起才能行使。"这种权利的内容就是参加共同体，确切地说，就是参加政治共同体，参加国家。这些权利属于政治自由的范畴……"② 而人权则与公民权不同，"是市民社会的成员的权利，就是说，无非是利己的人的权利、同其他人并同共同体分离开来的人的权利"。③ 对于如何解释这一权利的二重化，马克思断定，就其本质来看，权利二元化的完成可以从国家和市民社会的关系中得到解释。马克思明确地指出了权利二元化的根本动力：

> 与 citoyen［公民］不同的这个 homme［人］究竟是什么人呢？不是别人，就是市民社会的成员。为什么市民社会的成员称作"人"，只称作"人"，为什么他的权利称作人权呢？我们用什么来解释这个事实呢？只有用政治国家对市民社会的关系，用政治解放的本质来解释。④

---

① 〔德〕马克思：《黑格尔法哲学批判》，载《马克思恩格斯全集》第1卷，北京：人民出版社1956年版，第388—389页。
② 《马克思恩格斯文集》第1卷，北京：人民出版社2009年版，第39页。
③ 同上书，第40页。
④ 同上。

我们看到，霍布豪斯问题没有明确指认的，正是马克思政治解放命题的一个外在表现：市民社会与政治国家的分离，人权所内含的自由、平等、财权等内容的弘扬，并在宪法当中得到保护，但是，资产阶级的政治解放并没有解决这一问题，从而形成了一系列的悖论与困境。在马克思看来，"人分为公人和私人，宗教从国家向市民社会的转移"是政治解放的完成，① 其后果是带来了政治社会与市民社会的对立、公人与私人的分立与人本质的二分化。然而，资产阶级宪法中规定的权利，并没有超出以个人权利为价值取向，以财产权为基础的自由主义范畴；因此，当政治国家成为自由国家，它仍然无法解决其中固有的冲突。从这一观点来看，霍布豪斯问题实际上是政治解放的问题，而当代西方宪政民主理论的这一困境也正是政治解放的困境，这一困境仅指望资产阶级政治解放是无法解决的。

按照马克思主义的基本理论，国家与社会的分离构造了人的二重化，这种二重化是以权利的二元化表现出来的，这一不断延展的逻辑使得国家与社会之间的矛盾与紧张也被传递开来。我们看到，即便是在当代西方，霍布豪斯问题没有解决，也不可能得到解决。自由主义也好，共和主义也罢，它们的争论都只不过是政治观念、形式和功能之争。在政治解放的进程中，自由的限制直接导致了人的异化。马克思曾经明确地指出，只有把那些作为市民社会成

---

① 《马克思恩格斯全集》第3卷，北京：人民出版社2002年版，第175页。

员的人解放出来，把利己主义的个人转变为共同发展的人，使"每个人的自由发展是一切人的自由发展的条件"①，从而最终实现自由人的联合，才会最终解决这一问题。换句话说，只有通过人的完全解放，才能在最终意义上解决霍布豪斯问题，也只有人类最终获得解放，人权与公民权之间的冲突才能在最终意义上获得解决。

---

① 《马克思恩格斯文集》第2卷，北京：人民出版社2009年版，第53页。

第九章　西方民主理论的逻辑困境

宪政民主制在西方国家的建立实现了民主与法治两种制度的并存，从而完成了政治现代化的过程。然而，国家与个人、政治权利与个人权利等种种冲突的原则却注定了宪政民主制内在的逻辑困境。这一困境贯穿了现代西方政治文明形成的始终，并对当代西方政治文明构成了深刻影响。本章试图通过对卢梭"服从自己本人"以及"化圆为方"等命题的解析揭示西方宪政民主理论的逻辑困境。

一、"服从自己"：在国家与个体之间

在卢梭看来，就一个社会的结合来讲，它的关键难题在于个体之间的结合既要保证个体的独立，同时又使个体能"置身于力量的总和"。卢梭将这一困难表述为以下词句：

> 要寻找出一种结合的形式，使它能以全部共同的力量来卫护和保障每个结合者的人身和财富，并且由于这一结合而使每一个与全体相联合的个人又

只不过是服从自己本人,并且仍然像以往一样地自由。①

在这里,我们发现了一个在古代希腊和现代西方之间分裂的卢梭,它使卢梭成为最为醒目的一个穿着雅典城邦外衣的现代人。一方面,"服从自己本人"洋溢着古典民主的理想,它超越时空,与古代希腊的先哲们"服从你为自己制定的法律"②的格言实现了沟通;另一方面,此句中先后出现的"个人""自己""每个结合者""像以往一样地自由"这些字眼又透露了卢梭对现代自由的体认。正是这种古代政治自由与现代个人自由的双重诉求使卢梭进退维谷,自相龃龉。

"与全体相联合的个人又只不过是服从自己本人"构成了卢梭命题的核心,不但是卢梭"社会契约所要解决的根本问题",而且成为卢梭解决所有国家问题的前提和结论,概括了卢梭全部的政治学说和理想追求。卢梭明确指出,"政治体的本质就在服从与自由二者的一致"。③为了解决这一问题,卢梭倾向于以一种"全体对全体的比率"实现主权者与法律的服从者之间的一致。卢梭指出,在一个国家中,"作为主权权威的参与者,就叫做公民,作为国家法律的服从者,就叫做臣民。"他还设计了一个公式来实现政

---

① 〔法〕卢梭:《社会契约论》,何兆武译,北京:商务印书馆1980年版,第23页。

② 转引自〔苏〕涅尔谢相茨:《古希腊政治学说》,蔡拓译,北京:商务印书馆1991年版,第20页。

③ 〔法〕卢梭:《社会契约论》,第121页。

府、主权者、臣民与公民的一致,即"政府自乘的乘积或幂与一方面既是主权者而另一方面又是臣民的公民们的乘积或幂,二者相等。"这种全体对全体的比率使人民在政治体中肩负起双重使命:"一方面,人民享有主权,行使主权;同时另一方面又须服从主权,遵守号令。"①

然而,"服从自己本人"在成为卢梭政治理想与追求的同时亦成为卢梭一系列乌托邦的起点。他既塑造了一个公共的"大我"形象,又认为在这之外,个体享有独立的自由;他既强调公民与主权者的区别,又认为两者可以互相通用;他既认为社会契约转让了全部的自然权利,又强调个人以"以人的资格应享有的自然权利"。② 这种种矛盾被最终概括在卢梭对"聚集"与"结合""公意"与"众意"所做的种种区分之中。

毋庸讳言,个体性的差异与整体性的偏好之间并不存在完全一致,它们之间存在的紧张关系从本质上将现代国家分裂为向两个方向上伸展的诉求。卢梭命题正是要打通这一矛盾,然而,他本人却在解决这一矛盾的努力中悲剧地走向了乌托邦。卢梭想当然地认为,公意就是人民"自己的意志",包含了个人意志,服从公意就是做到了服从自己本人。尽管卢梭看到了矛盾的双方,但却过分地强调了其中一方,使他的论证沿着公意理论的一元化取向走向了

---

① 前引文依次参见〔法〕卢梭:《社会契约论》,何兆武译,北京:商务印书馆1980年版,第26页、第77页、第72页注2等处。

② 可参考以下几处:〔法〕卢梭:《社会契约论》,何兆武译,北京:商务印书馆1980年版,第24—26页、第41页。并请参见何兆武的译注。

乌托邦的死胡同。

在公意形成的问题上，卢梭再次将命题中个人的空间进行挤压。卢梭假定，"公意的一切特征仍然存在于多数之中"，因此，"每个人投票时都说出了自己对这个问题的意见，于是从票数的计算里就可以得出公意的宣告。"① 这样，意见是否成为公意取决于票数的计算，多数规则成了公意唯一值得遵守的规则。尽管卢梭对多数原则并不十分满意，但他还是辩护道："多数表决的规则，其本身就是一种约定的确立，并且假定至少有一次全体一致的同意。"② 在这里，我们看到，卢梭的公意最后堕落为劣等的"多数至上主义"，甚至使具有"共同兼顾"意义的公意堕落为"统计性的"民主概念。③

"服从自己本人"成为卢梭政治思想的核心：无论是社会契约论还是公意理论，均围绕着这一主题展开。人们看到，这一思想并不是孤立的。在所有西方政治文明的思想者那里，这都是一个打不开的死结。"服从自己本人"是组织国家的基础，同时也是组织国家的悖论，成为近代西方政治文明要解决的一个核心难题。

---

① 〔法〕卢梭：《社会契约论》，何兆武译，北京：商务印书馆1980年版，第140页。

② 同上书，第22页。

③ 当代美国著名法学家德沃金认为，卢梭的民主理论是一种"共同兼顾的民主概念"而不是"统计性的民主概念"。〔美〕罗纳德·德沃金：《自由的法：对美国宪法的道德解读》，刘丽君译，上海：上海人民出版社2001年版，第25页。仅从公意来看，这点不错；然而，如果从公意的实现来看，卢梭的民主却只是一种"统计性的民主概念"。

就"服从自己"这一主题，康德与卢梭分享了某种理论上的直觉，前者亦将"服从自己"视为自由的真义，而将个人与全体间的这种完美结合视为国家的前提和基础。在康德看来，当法律之下的自由与不可抗拒的权力以最大的限度结合在一起时，这样的社会就是一个完全正义的公民社会体制。他指出："一种与人的自然权利相吻合的制度的观念，即服从法律的人们同时也应该联合起来成为立法者，是一切国家形式的基础。"① 这样，自由就成为自己服从自己制定的法律，即自由意志的自律。对个体来说，个体组成国家实现的自治需要保证"我的对外的合法的自由"，即"不必服从任何外界法律的权限，除了我能予以同意的法律而外。"②

追求国家与个人、普遍与特殊之间的统一构成了近代西方政治哲学的基本主题。在黑格尔那里，这一主题被转换为"普遍物"与"特殊物""个人目的"与"普遍目的"之间的紧张，以一种抽象思辨的方式勾画了国家现实性的基础。他指出：

> 普遍物同时就是每个人作为特殊物的事业。重要的是，理性的规律和特殊自由的规律必须相互渗透，以及个人的特殊目的必须同普遍目的同一，否

---

① 〔德〕康德：《重新提出的问题：人类是否在不断地向善进步？》载〔德〕康德：《康德书信百封》，李秋零编译，上海：上海人民出版社1992年版，第291页。
② 〔德〕康德：《永久和平论》，载康德：《历史理性批判文集》，何兆武译，北京：商务印书馆1990年版，第105页。

则国家就等于空中楼阁。个人的自信构成国家的现实性,个人目的与普遍目的这双方面的同一则构成国家的稳定性。人们常说,国家的目的在谋公民的幸福。这当然是真确的。如果一切对他们说来不妙,他们的主观目的得不到满足,又如果他们看不到国家本身是这种满足的中介,那么国家就会站不住脚的。①

事实上,卢梭之前的政治哲学即开始关注这一主题。当霍布斯分析民主时,他显然也看到了这一点。他认为,用主权理论来分析民主时,人民主权是一个必然结论,其最终要达到的结果就是主权者与服从者的同一。他指出,在民主政体中,"全体或是他们的大多数自愿地组合起来,充当主权者,同时每一个个别的人都是服从者。"②

洛克亦强调了这种主权者与服从者的重合。在洛克的社会契约论中,自由人交出了为执行他的私人判决而处罚违犯自然法的行为的权力,这一权力在国家那里形成了另一种权力,即"在国家对他有此需要时,使用他的力量去执行国家的判决"。这样,在自由人交出权力的同时,在文明社会中形成了立法权和执行权,其结果是,无论是根据长期的法律还是临时的判断,只要遇有必要时立法权和执

---

① 〔德〕黑格尔:《法哲学原理》,范扬、张企泰等译,北京:商务印书馆1961年版,第265—266页。

② Thomas Hobbes, *The Elements of Law: Natural and Politic*, ed., J. C. A. Gaskin, Oxford; New York: Oxford University Press, 1994, Part Ⅱ, Chapter 20.

行权"都可以使用全体成员的全部力量"。其结论是,国家的判断"就是他自己的判决,是由他自己或者他的代表所作出的判决"。①

作为国家的组织方式,民主隐含着对集体或社会因素的强调,不可避免地会在某种程度上整合公民的意见。尽管民主的起点是个人,然而,其结论却是国家;其基础是多样性,其内涵却是同一性。不仅如此,它还为从国家开始的政治统治行为提供了更高的合法性。乐观的民主主义者相信,全体的权利只是个人的权利的总和,"对社会每一个成员是个别适用的,对社会成员集体同样适用。"② 然而,民主不可能做到集体偏好与个人偏好的完全重合,这就将民主在集体与个人之间绑在一个尴尬的位置上,承担国家与个人之间紧张关系的中介。按意大利自由主义政治思想家拉吉罗的意见,形成公意,同时又要做到个人毫无所失,那么,"公意与所有人的意志就必须完全吻合";即最终的集体利益"必须是个人利益的算术和";但事实是,最终的集体利益只是"这些利益的代数和",也就是说,个体的多样性不可避免地被剪裁了。③

一致性与多样性的冲突注定了民主的困境,即使在当

---

① 〔英〕洛克:《政府论》下卷,瞿菊农、叶启芳译,北京:商务印书馆1996年版,第54页。
② 〔美〕托马斯·杰斐逊:《杰斐逊选集》,朱曾汶译,北京:商务印书馆出版社1999年版,第461页。
③ 〔意〕圭多·德·拉吉罗:《欧洲自由主义史》,杨军译,长春:吉林人民出版社2001年版,第351页。

代西方的民主共和制度中,人民的合唱也不会完全和谐地进行下去,它为人们提供的是一系列困境的选择。其中包括了"权利对功利""更加排他性的人民对包容更广的人民""个人之间的平等对组织之间的平等""一致性对多样性""集中对分散""权力和政治资源的集中对分散"。① 我们看到,达尔提供的当代西方民主的六种困境实际上围绕着"一致性对多样性"这一整合目标而展开,它反映了卢梭命题的现代内涵。就"服从自己本人"的主题,当代西方法学界亦展开了极为广泛的讨论。当德沃金以"民主的合宪性概念"来认识民主时,他的民主概念主要还是从集体与个体关系的角度出发来揭示这一主题的现代含义:

> 民主应具有一种不同定义所确立的目标,即集体决定是由政治机构作出的,而这些政治机构的结构、组成和实践是将社会所成员都视为个个体,并予以同等关注和尊敬。②

这事实上是从国家的角度以肯定性的判断给出了卢梭"服从自己本人"的另一种解释。在这里,德沃金强调的依然是民主制度的整合功能,即"每一个个体都以同一种被称之为'他们'的行为方式来行事,而这种行为方式是由

---

① 〔美〕罗伯特·达尔:《多元主义民主的困境——自治与控制》,尤正明译,北京:求实出版社1989年版,第99—108页。

② 〔美〕罗纳德·德沃金:《自由的法:对美国宪法的道德解读》,刘丽君译,上海:上海人民出版社2001年版,第21页。

他们单独的行事方式合并而成一种进步统一的行为方式。"① 当代政治哲学家哈贝马斯亦指出，宪政民主的制度安排实现了法律制定者和法律接受者的重合，从而为民主和法治的共存提供了基础。他指出：

> 民主法治国家，就其观念而言，是一个符合人民要求的制度，并经过人民的意见和意志而实现了合法化；在这个制度当中，法律的接受者同时也是法律的制定者。②

这实际上是在重复卢梭。由此来看，卢梭命题不但是政治现代化的主题，而且透过现代化的漫长历史进程关照着西方政治文明的基本方向。

二、"化圆为方"：近代西方政治文明的"哥德巴赫猜想"

在设计波兰政府时，卢梭指出：

> 如果你愿意，制定良好的法律是容易的。然而，正如以前经常发生的那样，激情所至，法律常常被滥用。因此，制定那些不被滥用的法律是不可能的。即使是最高明的政治家亦无法预测那些可能发生的滥用，并做出权衡。在政治上，将法律置于

---

① 〔美〕罗纳德·德沃金：《自由的法：对美国宪法的道德解读》，刘丽君译，上海：上海人民出版社2001年版，第24页。

② 〔德〕尤尔根·哈贝马斯：《后民族结构》，曹卫东译，上海：上海人民出版社2002版，第77页。

人之上的问题恰恰像是几何学上的化圆为方。正确地解决了这一问题,按你的设计建立的政府就是一个好政府,而不是腐败的政府。但是,当你解决了这个问题后,你就会深信不疑地发现,你是让法律来统治,而不是人来统治。①

在卢梭看来,对于任何一个"好政府"来说,实现法治均不可缺。然而,法治之难,就像是几何学上的"化圆为方"。② 当卢梭以"服从自己本人"为政治制度的基本目标时,他要解决的正是权力产生的民主性问题,然而,其中却暗含着权利保障的法治问题。从"服从自己本人"出发,卢梭试图化解人民主权与人权,国家与个人之间紧张关系的种种努力最终以民主与法治冲突的形式被剧场化地表现出来,它同时也是现代西方社会民主的根本问题;就此意义上讲,卢梭的困境就是现代民主的困境。

卢梭并不是第一个试图求解"化圆为方"的人,但是,他留给人们的身影巨大而模糊。敏锐的洞察力和惊人的想

---

① Jean-Jacques Rousseau, "Considerations on the Government of Poland," *The Social Contract and Other Later Political Writings*, edited by Victor Gourevitch, Cambridge: Cambridge University Press, 1997, p. 179. 卢梭的这一难题为保守的自由主义者密切关注。例如,萨托利和哈耶克两人曾多次提到卢梭的这段话。参见〔美〕萨托利:《民主新论》,冯克利、阎克文译,北京:东方出版社 1998 年版,第 373 页;〔英〕哈耶克《自由秩序原理》上卷,邓正来译,北京:生活·读书·新知三联书店 1997 年版,第 245 页。

② 即求解一个正方形,其面积与一个给定的圆的面积相等。现代数学证明,这是不可能的。近代西方很多人试图解决这一问题,均以失败告终。霍布斯曾宣称解决了这一难题,结果贻笑大方。

象力无法更进一步冲破时代的牢笼,对于民主与法治这样一个如此沉重的理论负载,卢梭还是难以承受其重,卢梭命题所暗含的种种难以消弭的对立因素成为理想主义者永远的困境。对卢梭命题的不断反刍成为西方政治学理论的必修课,"化圆为方"的难题留给人们长久的思考,它所内涵的在民主国家实现法治的难题成为政治学与法学理论的"哥德巴赫猜想"。

同样的问题亦困惑着同时代的另外一位共和主义思想家詹姆斯·哈林顿(James Harrington)。这位作者在其代表作《大洋国》一书中指出:

> 我们知道,一个共和国之中制定法律的是人。
> 因而主要的问题似乎是:怎么才能使一个共和国成为法律王国,而不是人的王国?①

卢梭在民主国家实现法治的难题在西方现代政治文明的形成过程中具有普遍的意义。换句话说,在任何一个"人统治人的政府"中,这一难题均无法绕开,它同样困扰着美国的制宪者。美国"宪法之父"麦迪逊审慎地指出了美国宪政安排的这一核心难题:"在组织一个人统治人的政府时,最大困难在于必须首先使政府能管理被统治者,然

---

① 〔英〕哈林顿:《大洋国》,何新译,北京:商务印书馆1963年版,第21页。

后再使政府约束自身。"① 这一问题构成了《联邦党人文集》的基本主题。美国法学家米歇尔曼分析指出,"就《联邦党人文集》的设计来讲,它集中于两个方面:一方面是自治,即美国人民的政治自由在于他们共同地为他们自己所统治;另一方面是法治,即他们的政治自由来源于法而不是人的统治。"② 从现代民主国家的角度来看,麦迪逊的难题就在于政府在管理被统治者的同时实现自我约束,在实现民主的同时接受法治。麦迪逊难题与卢梭的法治难题有异曲同工之美,但却给出了卢梭难题的一个答案:一方面,人们要通过民主的形式实现自我管理;另一方面,人们要想"将法律置于人之上",就必须约束民主程序形成的权力。

没有法治的民主容易导致"暴政"之治;没有民主的法治容易走向"恶法"之治。对于现代政治文明来讲,民主与法治缺一不可。然而,作为现代西方政治文明二元化结构柱石的民主与法治却并不因此而有更多的和谐。人们看到,在以人民主权为标志的民主革命高歌猛进的同时,法治却背上了越来越沉重的负累。正像哈耶克、奥斯特罗姆等人看到的那样,在"法治理想获致胜利的同时,人民

---

① 原中译文将"control"译为"管理",本文根据上下文将其译为"管理"和"约束"。〔美〕汉密尔顿、杰伊、麦迪逊:《联邦党人文集》,程逢如等译,北京:商务印书馆,1980年,第264页。Alexander Hamilton, James Madison, John Jay, *The Federalist Papers*, Beijing: China Social Science Publishing House, 1999, p. 322.

② Frank Michelman, "Law's Republic," *The Yale Law Journal*, Volume 97, Number 8, July 1988, p. 1500.

主权的理想亦赢得了胜利，而这一事实很快便使前者退至幕后。"① 由于没有正确处理民主与法治之间的紧张关系，从而使民主与法治的此消彼长在事实上演绎了一场零和博弈②的悲剧。

事实上，民主主义者很早就看到，当人民成为主权者，取得了至高无上的地位时，法治就成了一个最大的难题。卢梭清醒地看到，人们总是不愿忍受法律加在他们身上的束缚，这使得即使是良好的法律亦常常无用武之地。卢梭甚至认为，"要为人类制订法律，简直是需要神明。"③ 他指出：

> 有千百个从不能忍受良好法律的民族都曾在世上煊赫过；而且纵然那些能够忍受良好法律的民族，也只是在他们全部岁月里的一个极为短暂的时期内做到了这一点。④

从实现法治的难易程度上看，英国史学家阿克顿甚至认为，民主制与君主制均是由不受法律约束的人的意志进行统治，因而都不受法律的管辖，是专制的。不仅如此，

---

① 〔英〕弗里德利希·冯·哈耶克《自由秩序原理》上卷，邓正来译，北京：生活·读书·新知三联书店1997年版，第246页。奥斯特罗姆等人亦表达了这样的遗憾，他指出："法国革命和俄国革命使美国革命黯然失色的事实，是我们时代的悲剧之一。"参见〔美〕文森特·奥斯特罗姆：《复合共和制的政治理论》序言，毛寿龙译，上海：上海三联书店1999年版，第13页。

② 指参加博弈的各方利益完全对立的博弈。

③ 〔法〕卢梭：《社会契约论》，何兆武译，北京：商务印书馆1980年版，第53页。

④ 同上书，第59页。

民主制甚至不如君主制那样容易接受法律的统治。他指出：

> 民主制往往自然地实现其原则——人民主权，并祛除对行使人民主权的一切限制条件；而君主制往往屈从于这些条件。一方面是力量屈从于权利，另一方面力量压倒了法律。君王的反抗逐步被那些反对并谋求分享其权力的人所击败；而民主制中，权力已经在那些谋求推翻或废除法律的人手中。废除法律的过程因而是无抵抗而迅速的。①

事实上，阿克顿的结论并不难以理解。当法律的遵守者本身成为法律的制定者，即实现了民主制时，人们倾向于蔑视法律。为了使"由于傲慢而不可能被法律纠正的人"能够遵守法律而有所节制，马基雅维里甚至想到用君主政体作为过渡，以便使人民能够更好地遵守法律。他指出：

> 在腐败的城市维系或创造新共和体制有其困难，甚至是不可能的。如果真的在那儿维系或创造一个共和体制，那把它转向国王政体比转向平民政体更必要，俾使由于傲慢而不可能被法律纠正的人可望因主君的权力而有节制。②

马基雅维里的确用心良苦，亦反映了政治理论家面对民主与法治之间紧张关系的无奈。就民主与法治的关系来

---

① 〔英〕阿克顿：《自由史论》，胡传胜等译，南京：译林出版社2001年版，第226页。

② 〔意〕马基雅维利：《李维罗马史疏议》，吕健忠译，台北：左岸文化2003年版，第55页。

看，阿克顿的观念在西方宪政传统当中具有一定的代表性。英国法学家詹宁斯（W. I. Jannings）亦不认为民主与法治之间存在着必然的伴生关系。他认为，有民主无法治，或是有法治无民主的现象大量存在。他发现，法治甚至"可以建基于所有民主主义者都不欢迎的原则"，① 从而出现他们不愿看到的情况。美国当代宪政思想史家戈登亦持大致相同的观点。他认为，"立宪的贵族制"倒显得容易理解，而在民主的国家中，如果多数人民所做的事情没有限制，那么也很难建立起宪政秩序。他指出：

> 根据这种定义，如果对多数人民在行使国家强制性权力中所能做的事情不加以限制，哪怕是直接的民主制也不是立宪秩序。这样说来，"立宪的贵族制"这个概念倒是最好理解的：这是指这样一种政体，即所有的政治权力都保留给一步部分公民，但它在若干机构之间以这样方式进行分配从而使它们能够相互制约。②

事实上，正像哈贝马斯指出的那样，宪政民主制本身就是民主与法治之间冲突原则的悖谬联结。③ 这注定了在民主国家实现法治的复杂性。当代英国法学家拉兹（Joseph

---

① 〔英〕詹宁斯：《法与宪法》，龚祥瑞、侯健译，北京：生活·读书·新知三联书店1997年版，第42页。

② 〔美〕斯科特·戈登：《控制国家——西方宪政的历史》，应奇等译，南京：江苏人民出版社2001年版，第239页。

③ Jürgen Habermas, "Constitutional Democracy: A Paradoxical Union of Contradictory Principles?," Political Theory, Dec2001, Vol. 29 Issue 6, p. 766.

Raz）亦认为，如果仅从原则上考虑，非民主国家实现法治可能比民主国家更容易。① 宪政民主制的形成是宪政与民主这两种制度的"蜜月"。人们看到，"宪政与民主的联姻并非易事。民主的扩张常常会导致宪政的式微，而宪政观念的加强必然会伴有对民主程序的限制。这样，它们之间的紧张就得以暴露。"②

卢梭"服从自己本人"的命题中所包含的国家与个人之间的紧张关系演化为公域自治与私域自律、人民主权与人权、政治权利与个人权利等一系列对立统一的关系，最终表现在民主与法治的冲突上，揭示了西方宪政民主理论的逻辑困境。通观西方政治发展史，这一困境所内含的种种对立因素并没有被一元化的体系吃掉，而是以"对立—互动"的模式保持着动态的均衡，至今依然清晰可见。

---

① Joseph Raz, *The Authority of Law: essays on law and morality*, Oxford: Clarendon Press, 1979, p. 211.

② Carlos Santiago Nino, *The Constitution of Deliberative Democracy*, New Haven & London: Yale University Press, 1996, p. 2.

争 论 编

第十章 民主，还是法治？

中共十一届三中全会发出了"必须使民主制度化、法律化"的号召，这揭开了中国政治体制改革的序幕。随着改革开放的不断深入，这一理论亦得到不断发展，不但为"依法治国"提供了理论依据，而且成为社会主义政治文明的重要原则。从理论上看，民主制度化、法律化的学说进一步丰富和发展了马克思主义的国家学说与政体理论，成为邓小平理论与"三个代表"重要思想的组成部分。事实上，民主的制度化不但有利于从实践上实现公民的有序政治参与和政治稳定，而且对于构建以民主、法治为基础的和谐社会亦有着重要的理论意义。

围绕着我国政治生活的种种变化，政治学界、法学界从民主的制度化、法律化出发，对我国政治体制改革进行了深入的探讨。根据对学术期刊数据库（CNKI）的不完全统计，在主题中出现"民主"与"制度化"字样的论文计有4123篇（1999—2015年）。本文试图就此加以回顾与分析，并对其中具有典型特色的"法治民主"政体作简要的介绍，为更进一步地研究我国的政治体制改革打一个基础。

一、和谐共生，还是冲突均衡？

就政治现代化的基本内涵来看，民主与法治无疑都是不可或缺的，然而，长期以来，对两者关系的研究却被忽略了。王惠岩指出，"建国初期，我们解释法制的一个突出特点，是把法制作为专政的工具，把法制与专政联系在一起，认为民主、法制是实现专政的两个手段，而忽视法制与民主之间的关系。"① 这突出了我国政治学者对民主法治关系研究的一种担忧。无独有偶，从法学角度，郭道晖亦认为："……对于'共和''共和国''宪政'等词的含义及其与民主、法治的区别，共和精神和宪政理念的重要意义，理论界，特别是法学界却很少涉及，一般人更知之甚少。"②

霍姆斯指出，"对相当多的严肃的思想家来说，立宪民主制在概念上即使不自相矛盾，也仍然是一个悖论。"③ 西方学者更容易认同民主与法治之间存在的紧张关系，并从冲突的意义上使用法治与民主这两个概念。与此相反，我国学术界普遍对民主与法治的和谐关系持乐观态度。

对于民主和法治关系的研究，我国法学界的大多数学

---

① 王惠岩：《论民主与法制》，载《政治学研究》2000年第3期，第8页。
② 郭道晖：《民主的限度及其与共和、宪政的矛盾统一》，载《法学》2002年第2期，第3页。
③ 〔美〕史蒂芬·霍姆斯：《先定约束与民主的悖论》，载〔美〕埃尔斯特、〔挪〕斯莱格斯塔德编：《宪政与民主——理性与社会变迁研究》，潘勤译，北京：生活·读书·新知三联书店1997年版，第226页。

者基本上认为两者是和谐的,即民主是法制的前提,法制是民主的保障。这一观点被认为是"我国改革开放以来法学研究中的突出贡献之一"。① 学术界关于民主与法治关系的基本的认识是:民主与法治是共生的,它们相互依存、相互渗透、相互保障、相互制约。

"和谐共生论"者认为,民主与法治是共生的关系。李景鹏认为,"法治与民主之间是紧密联系而不可分的。在历史上,它们是一起生长出来的,在现实中也只能一起生长出来。反过来说,如果两者不能共生,则一定是既没有法治,也没有民主。"② 刘军宁亦认为,"法治与宪政民主之间存在着十分亲密的伴生关系……法治支持民主,民主也兼容法治"。他从人类的尊严与自治出发,认为民主与法治在这一基本价值上的共性使两者的结合成为可能。③ 无论是政治学领域的还是法学领域的,持民主与法治共生论的观点大有人在。孙国华指出,"法治则与一定的民主制度有直接的联系和共生性"④,张贤明亦认为,"法治与民主政治是伴生关系,没有稳固的民主就没有真正的法治,没有真

---

① 赵震江、付子堂:《现代法理学》,北京:北京大学出版社1999年版,第377页。
② 李景鹏:《如何实现法治的民主?》,《学习时报》第126期。
③ 刘军宁:《宪政·民主·共和》,上海:上海三联书店1998年版,第163—164页。
④ 孙国华主编:《法理学教程》,北京:中国人民大学出版社1994年版,第305页。

正的法治就没有稳定的民主"。① 潘伟杰在《现代政治的宪法基础》一书中认为,"民主政治与法治相统一,专制政治与人治相一致,这是历史与逻辑的统一"。②

就民主与法治关系来看,和谐论占主导地位,不但人数众多,而且理论体系完备。尽管如此,持相反观点的亦大有人在。相反的观点认为,无论是作为一种政治价值还是作为一种政治制度,民主与法治之间都存在着某种程度的矛盾与冲突,二者处于必要的张力之下,它们之间的紧张关系是必然的,但一个良好的政治体系会在冲突中促进两者的均衡发展。

郭道晖认为,"民主"同"法治""宪政""共和"等概念"并非总是内涵相通、和谐并存的,而是在一定条件下存在矛盾和冲突"。③ 季卫东认为,宪政与民主之间存在着微妙的但却是本质性的区别。"宪政的宗旨是通过法治来限制国家权力、保障个人自由和权利,落脚点在自由主义。只是在通过公民参与政治审议的民主化途径更有效地限制国家权力这一意义上宪政才能与民主结合在一起。"④

---

① 张贤明、张喜红:《试论法治与民主的基本关系》,《吉林大学社会科学学报》2002年第5期,第104页。

② 潘伟杰:《现代政治的宪法基础》,上海:华东师范大学出版社2001年版,第160页。

③ 郭道晖:《民主的限度及其与共和、宪政的矛盾统一》,《法学》2002年第2期,第3页。

④ 季卫东:《秩序的正统性问题——再论法治与民主的关系》,《浙江学刊》2002年第5期,第61页。按国籍来看,季卫东应属日本学者。然而,其学术多关注中国,有大量中国问题的论文,本文视其为中国学术圈中的学者。

与民主法治"共生论"相反,潘维在近几年内连续发表了一系列文章,批判了学术界一贯想当然的民主法治共生论。他指出,尽管民主与法治是可以兼容的,但民主化与法治化两个过程却"从未共生"。①

潘维的论点在国内引起广泛关注的同时亦遭到了批评。张静认为,"民主和法治无法分开,更无法对立,否则是法律内容脱离民意认同的危险信号,宪政政体所要做的,正是避免这种危险的发生。"② 任羽中、陈斌在《民主与法治:相辅而相成——与潘维先生商榷》一文中在肯定批判"民主迷信"的基础上批判了只讲法制不讲民主的"法制迷信"。文章认为,"只有民主与法治相辅相成才是真正的公民之福"。③

《当代世界与社会主义》杂志在 2003 年第 5 期就民主与法治的关系做了一次专栏式的研究。在这一次专栏式的研究当中,编辑庄俊举特邀唐士其教授对政治现代化进行了对话。唐士其明确地区分了作为统治形式的民主和作为统治规则的法治,唐士其认为,无论是纯粹的民主还是纯粹的法治,都无法实现相互包容。与李景鹏的观点相反,

---

① 潘维:《法治与未来中国政体》,《战略与管理》1999 年第 5 期,第 30 页。另可参见 2002 年 11 月 7 日《南方周末》。

② 张静:《读书笔记:潘维先生的政体设想》,《二十一世纪》(网络版)2002 年 6 月号。另可参见《中国社会科学文摘》2003 年第 2 期,第 16 页。

③ 任羽中、陈斌:《民主与法治:相辅而相成——与潘维先生商榷》,《战略与管理》2001 年第 2 期,第 117—118 页。

唐士其认为，在纯粹的民主状态下，没有真正的法治的位置；同样，在彻底的法治状态下，民主也可能成为一句空话。"西方的法治传统是在'立法者'概念空缺的情况下起源的，与民主并没有什么实践的关系。"①

民主与法治的游离状态实际上是西方古代社会的一个基本特点。在实际的政治生活中，现代人需要努力寻求它们之间一种动态的平衡。人们不可能，也不需要获得某种两者之间不再矛盾的方式，再从事民主与法治的建设。当然，唐士其也相信，"在绝大多数情况下，法治与民主之间是相互保证的，特别是在现代社会的条件下。"② 在现代社会，"如果要建立某种公正合理的法治秩序，唯一的保障只能是为立法寻求一种尽可能广泛的民众基础。正是在这里，法治与民主这一对矛盾的价值重新统一了起来。总之，在现代社会不可能想象没有任何民主基础的法治，当然，也不可能设想没有任何法治约束的民主。"③ 就民主与法治的关系，唐士其指出：

> 民主是一种统治形式，是一种对活动中的政治的描述；而法治则是一种统治规则，是历史上的政治成果的积淀，也是对行动中的政治的约束。民主需要法治的规范；而在现代社会，法治必须以民主

---

① 唐士其、庄俊举：《关于政治现代化的对话》，《当代世界与社会》2003年第5期，第14页。

② 同上。

③ 同上。

作为其基本目标。有了民主并不会自动地导致法治的状态;有了法治的状态也未必会自动地导致民主政治的实现。①

事实上,一些主张民主与法治之间和谐的学者亦认为,民主与法治之间存在着一定程度的紧张,问题在于,如何化解二者之间的紧张关系。一般认为,宪政民主为民主与法治两种制度提供了框架,实现了民主与法治的均衡。麻宝斌在《论民主的法治前提》一文中指出,宪政民主制是民主与法治的集合体,它不但强调了广泛的政治参与,同时亦强调了对政府权力的限制。② 林广华亦认为,同作为现代政治的基础,宪政与民主是两种不同的理论,二者存在着差别,也存在着契合。民主强调公民的参政权和政治秩序,宪政强调对国家权力的限制和防范,这一区别使二者的互相补充与结合成为必要。在他看来,"理想的政制是民主与宪政的结合,即宪政民主。"③

从某种程度上说,宪政与民主的关系就是法治与民主的关系。法治与民主的矛盾正是宪政与民主矛盾的内核。调和、妥协与均衡成为人们解决这一矛盾的基本态度。洪世宏认为,宪政民主制"期待着对宪政主义和民主原则的双重承诺",他本身就是"一对矛盾的理念",只是不同国

---

① 唐士其、庄俊举:《关于政治现代化的对话》,《当代世界与社会》2003年第5期,第11页。
② 麻宝斌:《论民主的法治前提》,《吉林大学社会科学学报》2001年第5期,第19页。
③ 林广华:《论宪政与民主》,《法律科学》2001年第3期,第21页。

家对这一根本矛盾有不同认识，做出不同的制度上的调和。① 对于宪政与民主之间的这种冲突与未来发展，林广华采取了一种实用的态度。他指出，宪政与民主之间的矛盾关系将继续持续下去，与此同时，"将仍保持模棱两可的境地"。宪政与民主的关系在于两者之间的协调。主张"要以一种实用性态度来对待宪政与民主的关系"。②

对于民主与法治的关系，赵震江、付子堂在《现代法理学》一书中指出，对民主和法治的关系，我国学术界主要从四个方面阐明。"第一，民主和法治相互依存，不可分离……第二，民主和法治相互渗透，彼此补充……第三，民主和法治相互保障，彼此促进……第四，民主和法治相互制约，彼此平衡。"这准确地概括了我国法学界和政治学界对民主与法治关系研究的基本共识。③ 四个层次的关系基本上反映了我国学术界对于民主与法治关系较为普遍的认识。互相依存、互相渗透、互相促进所强调的是民主与法治的和谐关系，相互制约、彼此平衡则在某种程度上对民主与法治之间的紧张关系给予了重视。

---

① 洪世宏：《无所谓合不合宪法：论民主集中制与违宪审查制的矛盾及解决》，《中外法学》2000年第5期，第600页。

② 林广华：《论宪政与民主》，《法律科学》2001年第3期，第30页。

③ 赵震江、付子堂：《现代法理学》，北京：北京大学出版社1999年版，第377—378页。有关该方面的论述还参见孙国华主编：《法理学教程》，北京：中国人民大学出版社1994年版，第315—317页；卓泽渊：《法律价值》，重庆：重庆大学出版社1994年版，第184页；孙笑侠主编：《法理学》，北京：中国政法大学出版社1996年版，第284页。

二、民主为本，还是法治先行？

我们看到，在民主与法治之间，和谐的理想与冲突的现实是并存的。就现代意义的民主来看，它提供了政治权力合法性的基础，为人类组织国家、产生权力，实现自治提供了基本途径。现代法治的建立应该是民主发展的成果，同时现代民主亦需要法制的保障，这使两者之间有了更多的和谐，有了共通的基础。然而，现代法治更强调对权力滥用的限制，对个人权利的保障，为个人权利与自由的保障提供制度框架。当民主权力或权利的行使超出了界限，民主就与法治产生冲突，理想的政治制度正是这一对矛盾和谐、共容的制度框架。

随着我国政治体制改革的不断深入，对于民主与法治关系的不同认识亦浮出水面。2003年第2期《中国社会科学文摘》的《批评与争鸣》专栏上摘登了潘维、张静、甘阳、季卫东等人的四篇文章，将我国学术界对民主与法治关系的研究推向了一个高潮，同时也反映了我国学术界就民主与法治关系的基本分歧。

以甘阳、王绍光等为代表坚持民主的至上性地位，反对任何削弱民主的制度性安排，主张大力推进民主，甚至主张"全国人大的直选"，弘扬"人民主权"，拒斥任何对民主的修饰,主张广泛参与的民主,反对任何非民主的让步。① 与这一对民主的理解不同,国内亦有学者认为:"基于各种类型的民主良莠不齐,民主这个东西不加定语是不能用的。"② 潘维以对民主的批评来提请人们警惕所谓的"民主迷信"。潘维并不否认推行民主建设的重要性,但是他认为,对民主"迷信化的倾向"更值得人们警惕。

季卫东对两种观点均做出了批评。他指出,潘维强调法治、轻视民主的观点在法学领域中的具体表现为"轻视正义观念和人文主义精神的劣化法律实证主义乃至一种急功近利的实用主义秩序观";而强调民主、忽视法治的思想倾向是"自觉或不自觉的、显性或隐性的投票权至上论以及向'马锡五审判方式'的群众路线回归的导向"。在强调民主作为正统性渊源的基础上,季卫东将法治作为稳定民主制的基础。他强调指出,国家体制和秩序的正统性只有通过民主与法治相结合才能得到维持乃至强化。③

对民主与法治关系的分歧不仅体现在何者更重要上,而且还在于何者优先的问题上。"法治优先论"引起了人们

---

① 甘阳:《公民个体为本,统一宪政立国》,载《二十一世纪》1996年6月号;甘阳:《反民主的自由主义还是民主的自由主义?》,载《二十一世纪》1997年2月号;王绍光:《警惕对"民主"的修饰》,载《读书》2003年第4期。

② 布公:《为什么民主必须是自由的?》,刘军宁、王焱主编:《直接民主与间接民主》,《公共论丛》第5辑,北京:生活·读书·新知三联书店1998年版,第24页。

③ 季卫东:《秩序的正统性问题——再论法治与民主的关系》,《浙江学刊》2002年第5期。

的注意。顾肃认为,"在我国现阶段,在更大规模的民主化实现之前,有必要先厉行法治和宪政主义"。① 季卫东认为,要实现政治变革的目标,"必须首先推行法治以及宪政。"② 在潘维看来,"以民主为导向,以扩大'人民权力'为核心"的改革方式和"以法治为导向,以变革吏治为核心"的改革模式存在着先后的不同。③ 在中国当前的特殊国情下,他主张优先发展法治。麻宝斌更是则明确指出:

> 在我看来,法治具有优先于民主的地位,这种优先性不是指价值上的重要性或逻辑上的前提性,而是通过对民主与法治得以实行的现实条件加以分析得出的经验性判断。法治对于民主具有优先性或前提性,是在现实的层面上说的,其真正涵义是,法治不依赖于民主,民主却离不开法治;没有法治的支持与约束,民主固有的缺陷必然使它夭折或发生蜕变;没有建立在法治基础上的民主无法正常运作并真正收到成效。④

对于民主与法治何者优先的问题,学术界亦有不同认

---

① 顾肃:《论法治基础上的民主》,《学术界》2000年第3期,第24页。

② 季卫东:《宪政新论——全球化时代的法与社会变迁》,北京:北京大学出版社2002年版,第24页。

③ 潘维:《法治与未来中国政体》,《战略与管理》1999年第5期,第30页。另可参见《南方周末》2002年11月7日。

④ 麻宝斌:《论民主的法治前提》,《吉林大学社会科学学报》2001年第5期,第20页。

识。台湾学者林毓生认为,"实现民主必须先有法治",正是因为我们没有法治,所以民主一直并不理想。"事实是,必须先有法治才能实行民主。但我们压根儿就没有法治的传统(只有人治与刑罚的传统),这是我们的根本问题所在。"① 大陆学者赵成根则认为林毓生的观点值得商榷。他指出:"可以稳定运作的民主需要法治的保障,但是,不可以说民主的产生,必须先有法治,因为没有民主就不可能有法治。"②

与这种综合推进的观点不同,潘维则主张法治先行,建立所谓的"咨询型法治"政体。这一政体以法治为中心,以制度准备、制度建设、归政于法为三个发展阶段,主张建立中立的公务员系统、自主的司法系统、独立的反贪机构、以全国和省人民代表大会为核心的广泛的社会咨询系统以及受法律充分保护但也受法律严格限制的新闻出版自由等五大支柱构成。③ 潘维的论证契合了西方由柏克、密尔、托克维尔等一贯的对于民主暴政的理解,凸显了我国

---

① 林毓生:《中国传统的创造性转化》,北京:生活·读书·新知三联书店1988年版,第93—94页。

② 赵成根:《民主与公共决策研究》,黑龙江人民出版社2000年版,第100页,脚注。

③ 潘维:《法治与未来中国政体》,载《战略与管理》1999年第5期,第32页。另参见潘维:《民主迷信与咨询型法治政体》,载《中国社会科学季刊》2000年秋季号。另外,在《南方周末》的一次访谈中,作者再次陈述了自己对中国政治体制改革的思路,即"执政党的改革应该是以法治为导向,以吏治改革为核心任务,以咨询体系为主的民主作为辅佐"。载《南方周末》2002年11月7日。

政治体制改革建设中法治建设的重要性，被视为与余英时、李泽厚、刘再复一贯的渐进主义的代表。①

在新近发表的《秩序的正统性问题——再论法治与民主的关系》一文中，季卫东基本上认同了潘维的观点，认为"中国政治体制改革应该从法治秩序的建构起步，把司法权的合理化作为突破口，通过技术性的程序革命来逐步改变价值体系和权力结构"。②季卫东认为，民主离不开法治，离开了法治的民主实际上会堕落为"专制的一种变态"，因此，他指出："成功的宪政运动必须在自由、民主以及法治之间维持一种适当的均衡，必须形成制度性妥协的机制。"③

事实上，在"文化大革命"无法无天的群众运动没落后，学术界对那种没有法治约束的民主逐渐产生了一定程度的戒备，而这种戒备又从邓小平强调民主"制度化、法律化"的政治体制改革取得成功的经验中取得理论养分。与中国政治体制改革的进程相适应，学术界提出了"法治民主"的概念，试图以此搭建民主与法治的协调发展的理论框架。

---

① 季卫东：《社会变革与法的作用》，《开放时代》2002年第1期，第40—41页。

② 季卫东：《秩序的正统性问题——再论法治与民主的关系》，《浙江学刊》2002年第5期，第60页。

③ 季卫东：《宪政新论——全球化时代的法与社会变迁》，北京：北京大学出版社2002年版，第157—158页。

三、民主的制度化、法律化与法治民主

法治民主的提出同中国政治体制改革的基本指导思想是联系在一起的。从广义的民主概念出发，研究者一般认为，民主需要制度化、法律化，经过制度化后的民主是更高层次的民主。在《论民主与法制》一文中，王惠岩明确指出，在社会主义条件下，民主必须制度化、法律化，制度化、法律化的人民意志是最高意志。① 制度化或法律化的民主并不是一般意义上的民主，而是一种更高形态的民主政治。② 不仅如此，还有部分研究者认为，民主必须制度化、法律化，不如此，就无法克服民主政治的弊端。③ 实际上，正是法治强调制衡权力与保障权利，为"民主失败"提供了治理之道。④ 在《论政治民主的制度保障》一文中，顾肃认为，在当前中国，需要克服权力过分集中的现象，实现恰当的权力制衡，并且在执政党内外彻底废除领导职务终身制，发展民主的竞争，加强制度性的民主监督。⑤

实际上，在这一问题上亦存在着争论。在《民主的制

---

① 王惠岩：《论民主与法制》，《政治学研究》2000 年第 3 期。
② 宋俭：《宪政：更高形态的民主政治》，《江西社会科学》2004 年第 4 期。
③ 陈志英：《民主也必须宪政——对民主与宪政关系的重新解读》，《晋阳学刊》2004 年第 6 期。
④ 佟德志：《民主失败与法治规制——西方宪政民主理论的结构逻辑简析》，《江汉论坛》2005 年第 5 期。
⑤ 顾肃：《论政治民主的制度保障》，《江苏行政学院学报》2002 年第 2 期。

度化、法制化和宪政问题》一文中，陈红太指出，"民主的制度化、法制化"不能简单地理解或等同于"民主的法制化"。民主的法制化仅仅是体现和实现民主原则的形式之一。非法制的政治制度在当代中国也是民主原则体现和实现的基本形式。中国的民主化道路不仅仅是走法治化一途。西方宪政规范的政治关系和制度不能囊括按马克思主义政治观建立和形成的政治关系和制度。在现实中国，人民这个政治联合体自身内部的关系和制度，较之国家权力内部和个人权利之间的关系和制度更具有根本性。①

实际上，政治学界、法学界更多的学者主张在邓小平同志提出的民主制度化、法律化的基础上实现法治民主。在总结邓小平政治体制改革思路的基础上，刘作翔首先在批判"大民主"的基础上提出了"民主法治"，强调了法治的重要作用。② 童之伟则进一步将其概括为"法治民主"，并专文做了全面的论证。③

法治民主的可能性及必要性正出于对中国政治现实的这样一种估计，即"在民主形式建设方面，基本框架已搭起来，但还不健全、不丰富，还不能完全适应实现民主内

---

① 陈红太：《民主的制度化、法制化和宪政问题》，《中国特色社会主义研究》2004 年第 1 期。

② 刘作翔：《跳出"周期率"，要靠民主，更要靠法治》，《中国法学》1995 年第 2 期，第 12 页。

③ 童之伟：《论法治民主》，《法律科学》1998 年第 6 期，第 18—24 页。另可参见童之伟：《法权与宪政》，济南：山东人民出版社 2001 年版，第 573—585 页。

容和促进民主内容发展的要求。"① 在此基础上，童之伟将民主分为两类，即"人治民主"和"法治民主"。从历史发展的角度出发，童之伟肯定了人治民主与社会革命之间在时间上的连续性，但这种民主只是一种"过渡性的民主方略"，"它的正常使命是作为政治现代化进程中从专制政治过渡到法治民主的一块跳板。"②

在《中国：通过法治迈向民主》一文中，季卫东提出了"通过法治迈向民主"的政治体制改革路径，主张"通过法治国家的建设实现民主化"。③ 李景鹏亦提出了"法治的民主"这一概念，顾肃则将法治基础上的民主视为政治体制改革的目标。④ 杨建平亦认为，后发展国家既要推进民主，又要保持秩序，因此，"法治民主"将是中国政治体制改革的最佳选择。⑤

以法治来保障少数人的权利，保障民主制度的正常运行，防范民主权力的专制，这是法治民主的初衷。在《论政治文明中的民主概念和原则》一文中，顾肃认为，民主的本来意义是多数人的统治，但不是多数人随心所欲的专

---

① 童之伟：《法权与宪政》，济南：山东人民出版社2001年版，第583页。

② 同上书，第575页。

③ 季卫东：《中国：通过法治迈向民主》，《战略与管理》1998年第4期，第1—10页。另可参见季卫东：《宪政新论——全球化时代的法与社会变迁》，北京：北京大学出版社2002年版，第141页。

④ 顾肃：《论法治基础上的民主》，《学术界》2000年第3期，第24页。

⑤ 杨建平：《法治民主：后发国家的政治选择》，《战略与管理》2001年第6期。

横统治，而具有基本的规范和经验特征。民众主义的口号经常具有道义吸引力，但在实践中会演变成多数人的暴政，因而需要以程序民主和宪政主义下的法治来保障民主的真正实现。①

学者们甚至不否认一定形式的分权制衡。王惠岩指出："过去我们批判'三权分立'时，往往说它权力制约是不好的，这没有抓住要害。权力制约是任何国家都需要的，我国的权力监督实际上也是权力制约，否则就会滥用权力，问题的关键在于谁制约谁。"② 在《民主制度与分权制衡》一文中，韩东屏则根据腐败现象在我国屡禁不止的事实判断，我国的民主制度还存在不少缺陷。其中最根本的缺陷是对被托管的公共权力缺少有效制约，具体表现为权力的无实质牵制、无实质约束和无实质监督。解决这一问题的唯一方法是分权制衡。分权制衡作为一种民主政治的工具，既不是资本主义的专利，也不会妨碍"坚持党的领导"。③

就法治民主的推进方式来看，学术界大多赞同综合推进的方式。李景鹏认为，对于法治的民主来讲，发达的市场经济、完备的政治规则以及文化的孵化作用都是重要的。他认为，"经过多方面、多层面的长期的不懈的努力，就可以使我们逐渐地从人治政治的民主转向法治政治的民

---

① 顾肃：《论政治文明中的民主概念和原则》，《江苏社会科学》2003年第6期。
② 王惠岩：《论民主与法制》，《政治学研究》2000年第3期，第8页。
③ 韩东屏：《民主制度与分权制衡》，《开放时代》2000年第2期。

主。"① 事实上，尽管童之伟并没有对推进法治民主提出更具体的意见，他还是认为，"贯彻法治民主涉及社会生活的各个领域，需要有从家庭生活的民主化、社团活动的民主化到经济生活的民主化等一系列措施来做铺垫，殊非易事。"②

尽管唐士其与李景鹏在民主与法治关系上存在分歧，但是，在中国改革的道路上，两者均持综合推进说。唐士其认为，在现代社会，民主与法治需要互相契合。"把两者有机地结合起来，需要人们在理论上与实践中的大量努力——这大概就是我们对这两者之间关系的理解，也可以说是西方政治史和政治思想史在民主与法治方面给我们提供的值得我们加以认真借鉴和参考的政治文化遗产。"③ 唐士其指出，民主不是政治价值的全部，也不能替代其他政治价值，不仅如此，民主本身必须接受某些政治规范的约束。作者并不否认当代中国的民主，但却强调了民主化方向的可控性。就中国的道路，唐士其明确指出：

> 如果说中国的政治体制改革要寻找一条切实可行的道路的话，那么我想这条道路包括两个方面的内容，一方面，应该在可能的情况下扩大民主的范围，当然，怎么扩大，这可能需要通过试验来解

---

① 李景鹏：《如何实现法治的民主？》，《学习时报》第 126 期。
② 童之伟：《论法治民主》，《法权与宪政》，济南：山东人民出版社 2001 年版，第 585 页。
③ 唐士其、庄俊举：《关于政治现代化的对话》，《当代世界与社会》2003 年第 5 期，第 11 页。

决；另一方面，必须切实加强法治建设，而在当代中国，法治建设有一个非常具体、非常迫切的内容，那就是要求政府官员与政府机构必须守法。①

总的来看，我国学术界对于政治研究的旨趣经过波峰浪谷的起伏变化后渐趋舒缓。就民主与法治关系来看，学者的热情已经渐渐从攻占巴士底狱式的躁动转向美国制宪会议式的平静。在个人权利与公共权力、自由与平等、民主与法治、建构与演进等一系列两难的取舍中间，进行了更为成熟，更为理性的思考，必将对我国的政治体制改革产生深远的影响。

---

① 唐士其、庄俊举：《关于政治现代化的对话》，《当代世界与社会》2003年第5期，第14页。

第十一章　美国宪法的神话与神化

美国宪法研究，一直是国内法学界、政治学界、史学界长盛不衰的主题。无论是早期自由派与新左派之间的争论，还是当今中国学术界关于"社会主义宪政说"和"儒家宪政说"的争论，大多会从美国宪法中寻找资源：或是拿来主义的支持，或是旗帜鲜明的反对；或是不着边际的比附，或是羞羞答答的照抄。本书无意于对这些在态度取向性的问题上做主观的取舍，只是试图从权力与权利这两个基本维度出发，从历史中挖掘一些信息，以期纠正我们对美国宪法一些未经深思熟虑的思考，让美国宪法回归现实。

一、权力神话

权力维度是现代宪政的基本维度，衡量现代宪法，离不开对这一维度的全面认识。国内学术界一般认为，美国宪法确立了权力的分立与制衡原则，从而有效地防范了权力的扩张，成功地避免了暴政。中国的某些宪法学者一直将美国宪法视为限制权力的经典力作，从而认为，美国宪政确立了宪政主义的第一个基本原则，即限制权力。在今天看来，这些认识确实有其合理性。对于三种不同的权力进行划分，并使它们之间能够互相制约，达成一种平衡，这被视为限制权力的不二法门，即便在今天看来，仍然是可圈可点。但是，对这一维度的过分解读使得美国宪法的权力维度被神化，陷入误区。

如果回到美国的建国时期，你会发现，实际上，制宪会议是各方利益博弈的争夺战，而宪法则是国家权力野心膨胀的结果。在《联邦条例》的背景下，13州各自为政，中央政府几乎没有什么权力；宪法通过之后，中央政府不仅建立起来，而且拥有了包括立法、行政、司法在内的巨大权力。在嗣后的时间里，中央政府很快取得了以前一直掌握在各州手里的税收权力，从而轻松地解决了制宪者们夙夜忧叹的公债问题。从这个意义上讲，美国宪法的制定并非限制权力，而是扩张权力。后来被推为"宪政经典"的《联邦党人文集》之所以一而再、再而三地解说宪法对国家权力的限制，强调权力的分立、制衡等原则，实际上是在让人们相信，尽管新宪法规定的那些权力对于北美13州的人民来讲，确实是空前的；但是，它们是安全的，健康的。而《联邦党人文集》的目的，就是为了让13州的人民通过这部宪法。

美国宪法权力维度的形成，有着完全不同于东方，甚至与其他西方国家相区别的背景。在宪法之前，13州各自独立，甚至还有各自的宪法，形成了如同国家一样的权力，并在此基础上形成了极为松散的"邦联"。这使得美国宪法在将这13个"邦"整合为一个国家时,显得格外困难;也使得美国联邦的权力无法同其他早已经完成民族国家建构,甚至有着强大专制权力的国家相比。美国宪法赋予联邦的权力几乎是从无政府主义起步,逐渐从无到有;而其他有着悠久历史传统的国家,则是从国家主义的顶峰下行,寻找合适的平衡。

美国宪法为限制权力做出了系统性的制度设计,然而,这并不能说明美国宪法的制定旨在限制权力的扩张,也并不能说明它实际上真正地限制了权力的扩张。美国宪法不仅是联邦政府权力扩张的产物,同时,它还进一步支持了权力的扩张。内战之后,美国的联邦制发生了一系列深刻的变化。联邦政府更加有力地控制了各州,美国成为紧密型的联邦制国家。到改革时代,这一趋势更加突出。进步运动时期联邦政府的改革使联邦政府的权力结构发生变化,中央政府对各州的权力逐渐加大,这使得这一时期美国的联邦制同内战前已经大为不同了。后来的研究者甚至认为这是联邦制中断的一个时期。①

在联邦权力的扩张中,最为典型,也是最野心勃勃的,是总统权力的扩张。美国宪法对总统权力的模糊规定使它的不断扩张成为可能。林肯时期,总统就基本上控制了国会,甚至会直接影响到最高法院。到罗斯福时期,总统不仅拥有立法建议和要求权,而且不断地左右国会,制服最

---

① 〔美〕文森特·奥斯特罗姆:《复合共和制的政治理论》,毛寿龙译,上海:上海三联书店1999年版,第183—186页。

高法院。美国政府由"议会权力中心"向"总统权力中心"转换,美国总统获得了"帝王般的总统"的称号。直到今天,美国出于全球战略等多方面的考虑,权力越来越向总统集中,甚至俨然成为"世界警察局"的"局长"。美国著名民主理论家达尔曾经指出过美国人心目当中根深蒂固的五种历史信条,包括宪政制度、民主信仰、公司资本主义、福利国家、世界强国等。这五种历史信条,综合作用在总统职位上,使得这一职位空前膨胀,形成了总统权力的"伪民主化"。总统成为国民投票的最高元首,并且带有明显的独裁和自我扩张权力的倾向。①

联邦的立法和司法权力一方面侵蚀地方的权力,另一方面,行使着对行政权力的干预权。就立法权力来看,美国宪法在明确了各州和联邦权力后,同时还规定联邦国会可以通过"所有必要和适当的法律",这实际上为联邦立法权力的扩张留下了广阔的空间。大法官马歇尔在联邦各项权力的扩张中,充当了一个重要的角色。在著名的马伯里诉麦迪逊案中,马歇尔赋予了最高法院司法审查的权力;在"麦古洛克诉马里兰案"(McCulloch v. Maryland)中,他又再次削减了州的权力,扩张了联邦的权力。根据一直鼓吹自由民主制度的美籍日裔学者福山的观察,在对内政策上,相对于其他自由民主国家而言,司法和立法部门在

---

① Robert Dahl, "On Removing Certain Impediments to Democracy," *Political Science Quarterly*, Vol. 92, No. 1, 1977, p. 17.

美国政府中的影响力过大,从而使美国式的制衡制度变成了否决制。① 三种权力的制衡确实对效率产生了极大的影响。

我们看到,一直被奉为限制权力典范的美国宪法,并没有限制美国各种权力的扩张,而且这一权力的扩张,正在不断地向非民主的机构转移。比如,在三种权力机构当中,国会的民主性是最强的,而最高法院因为是任命制,且任期终身,其民主性是最差的。但是,最高法院却不断地参与到立法和行政事务中来,尤其是在2000年大选中,最高法院的一纸判决,决定了美国总统的人选,这成为最高法院权力扩张恶劣的先例。再比如,美国地方自治权力也不断地缩水,联邦的权力却越来越大。福山最新撰文批评美国政治制度的衰落,明确指出:"具有讽刺意味的是,正是由于担心'大政府'会做强,美国最终反倒建立了一个规模非常庞大的政府。"②

二、权利神话

神化宪法的第二个特征就是认为,美国宪法有效地保障了公民的权利,从而实现了自由,使美国成为最自由的国度。美国人都在实现着自己的"美国梦",而成就这一梦想的基础,正是出于对公民权利的保护,美国成为自由市场、个人奋斗的天堂。不仅如此,美国人还通过公民权利,

---

① Francis Fukuyama, "The Decay of American Political Institutions," *The American Interest*, 2013, 11, http://www.the-american-interest.com/articles/2013/12/08/the-decay-of-american-political-institutions/.

② Ibid.

实现了地方自治，每个人都成为国家的主人，管理着自己的国家；而且，人们还通过行使权利，有效地防止了权力的侵犯。在保障和实现公民权利方面，美国宪法确实有其可圈可点之处。然而，我们也应该看到，美国宪法在权利维度上被神化了，成为一个神话。

美国宪法的制定者急需建立一个比《联邦条例》规定得更为强大的国家，而不是保护权利。因为各种各样的原因，制宪者们无心在宪法当中罗列公民权利。在当时的美国13个殖民地，已经有8个通过了"权利法案"，但是，梅森在制宪会议上提出的"权利法案"的动议，却仍然以十票反对，零票赞同的悬殊比例通过。因此，在1787年宪法当中，并没有一个"权利法案"。这与1789年法国的《人权与公民权宣言》相比，确实存在瑕疵。在通过宪法时，许多州是带有附带条件的，即要在宪法当中加入一个权利法案。权利法案的加入，使得美国宪法正式具备了宪政的第二个要素，保护权利。这也被国内一些学者过分地夸大，认为美国宪法在权利上做得尽善尽美，堪称"楷模"，这确实有失偏颇。

美国宪法对财产权的保护，格外引人注目。《宪法修正案》的第4、5条，都有关于财产权的规定。实际上，用著名历史学家理查德·霍夫施塔特的话来说，美国的制宪会议就是"各类不同财产所有者的联谊会"。[①] 这可能很好地

---

① 理查德·霍夫施塔特：《美国政治传统及其缔造者》，北京：商务印书馆1964年版，第17页。

解释私人财产权在美国宪法中的重要地位。然而，在保护权利方面，刚刚制定的美国宪法甚至是一个倒退。弗吉尼亚宪法就把"取得和占有财产"作为人在本性上"自由和独立"而拥有的一种"固有的权利"。

美国权利的发展，大致经过了革命与立宪时期、内战和重建时期、进步主义和新政时期以及民权运动时期。随着美国经济与社会的发展，宪法规定的权利也在不断地增加。革命和立宪后，美国宪法增加了权利法案，开创了美国宪法的权利维度；内战和重建时期，美国的奴隶制问题得到解决，黑人取得了平等的权利；在进步主义和新政时期，各种经济与社会权利的要求开始增加；民权运动的兴起，使得美国人的权利主体和权利范围进一步扩大。这构成了美国宪法权利发展的重要维度。

保留奴隶制，成为美国宪法永远无法抹去的污点，这不仅是对人权的粗暴践踏，甚至没有尊重人性。达尔将奴隶制的废除算作美国宪政变迁的成功例子，即使制宪者们并没有打算废除奴隶制，但是，美国人民还是毅然地废除了它。我们不能忘记的是，为了废除这样一个让所有有良心的人都感到羞辱的制度，美国竟然是通过一场长达4年血腥战争来完成的，而伤亡的人数则超过了第一次世界大战、第二次世界大战等历次美国参加的战争伤亡人数的总和。

与一般学者的认识不同，美国人民主权利的发展主要是在革命以后，尤其是在杰克逊时期。随着政党政治的发展，美国的公民权也不断扩张，逐渐废除了对选民的财产要求等限制。然而，美国一直没有办法解决的是黑人的权利问题。美国连续出台了第13、14、15条修正案，但仍然不足以保障黑人的选举权，又通过《1875年公民权利法案》，情况才得到初步改善。接下来，就是妇女的选举权问题。如果简单地浏览一下美国宪法，我们就会发现，在权利法案之后的美国宪法，几乎所有的修正案都在忙于规定各种各样的权利条款。从《权利法案》一直到第19条修正案，美国人终于获得了全民的普选权，而这大约经历了200年的时间。

美国宪法对公民权的这种三心二意，确实让民主派吃不消。美国著名宪法学者列文森就曾经专门写作了《美国不民主的宪法》一书。在书中，作者非常不满地指出："我认为，在一个笃信民主的国家，宪法并不充分民主，而且，按照我们持有的关于政府性质的看法，这部宪法功能严重欠缺，如果说我的看法是正确的，那么，我们就无需盲目为其付出。"①

美国一些左派的学者发现，美国人的权利不是在增加，而是在减弱，至少在某些领域如此。美国宪政理论家路易斯·亨金专注于研究宪法与对外事务，曾经发表过多部影响较大的著作。他颇为遗憾地指出："二百年的国家生活和宪法发展历史已使个人权利在概念上与内容上发生了变化。至少，在牵涉到对外交往事务的某些方面，个人权利似乎

---

① 〔美〕桑福德·列文森：《美国不民主的宪法》，时飞译，北京：北京大学出版社2010年版，第10页。

已有所减弱或已完全不同了。"① 他还明确地批评道:"这种贬低个人权利的做法同我们对宪政的信奉是相悖的、并且也不能被我们对民主的奉行证明为正当。"②

对经济和社会权利的漠视,是美国宪法权利维度一直挥之不去的一个阴影。事实上,制宪者们并不是没有关注到这些权利,比如,麦迪逊、杰斐逊在自己的著作当中,明确地提出了这些权利。③ 然而,这些权利却并没有写进宪法,这与当时的历史背景有关。

一般人会以为,宪法是公民权利的圣经,而最高法院则是公民权利的保护神。而实际情况远非如此。美国宪法和最高法院的保守,使得美国宪法对在全世界范围内兴起的经济与社会权利表现出令人不能理解的麻木。实际上,早在罗斯福新政时期,罗斯福就曾根据美国社会不断发展的情况,提出了所谓的"第二权利法案",鼓吹"四大自由",试图将美国宪法中免受政府侵害的"消极自由"与新的通过政府实现的"积极自由"联系在一起。④ 然而,这一努力最终却是在最高法院大法官的阻止下失败。时至今

---

① 〔美〕路易斯·亨金:《权利的时代》,信春鹰、吴玉章、李林译,北京:知识出版社1997年版,第137页。

② 同上。

③ James Madison, *The Writings of James Madison*, Vol. 14. New York: G. P. Putnam's Sons, 1983, p. 197. Thomas Jefferson, "To Colonel William S. Smith, 1787," Thomas Jefferson, *The Writings of Thomas Jefferson* edited by Lipscomb and Bergh, Washington, D. C., 1903-04. Vol8, p. 681.

④ Doris Kearns Goodwin, *No Ordinary Time: Franklin and Eleanor Roosevelt: The Home Front in World War II*, Simon & Schuster, 1995, p. 485.

日，美国的宪法仍然将经济与社会权利排斥在外，这与美国宪法和保守的最高法院拒斥经济与社会权利是分不开的。

无论社会主义国家还是资本主义国家，都非常明确地在宪法中规定了经济与社会权利，以至于这已经成了宪法的一个惯例。联合国早在1948年通过的《世界人权宣言》也规定了非常广泛的经济与社会权利。然而，一直强调保障权利的美国宪法却并没有只言片语规定公民的经济与社会权利。美国宪法学家凯斯·森斯坦也发现，唯独美国宪法缺少经济与社会权利。他甚至对此颇为奇怪，他问道："这是为什么？是什么导致美国宪法在这一点上如此独树一帜？"为此，他专门写作了《第二权利法案》一书，试图揭示美国另一个伟大的传统，将美国宪政争取的经济与社会权利称为"第二权利法案"。

在该书中，森斯坦开门见山地指出，他的目的就是要揭示一个重要但却常常被忽视的美国传统：第二权利法案。第二权利法案由富兰克林·罗斯福提出，其内容广泛地包括了经济与社会权利，第二权利法案"试图既保护机会，又保证安全；通过创设雇佣的权利，提供充足的衣服和食物、体面的住处、教育、娱乐和医疗保障"。① 在森斯坦看来，第二权利法案的思想始自新政，与1941年罗斯福"四大自由"的演说直接联系在一起，全面地提出了公民的经济与社会权利。这一思想的提出正值第二次世界大战前后，

---

① Cass Sunstein, *The Second Bill of Rights: FDR's Unfinished Revolution-And Why We Need It More Than Ever*, Basic Books, 2006, p. 1.

对世界人权的发展做出了重要贡献,然而,在美国却遭冷落,一直得不到承认。森斯坦主张,"我们能走得更远。至少在某些时候,美国应该在罗斯福的宪政观念的指引下生存"。①

时至今日,美国宪政的权利维度仍然存在着种种问题。与国内学者对美国宪法的赞美不同,美国学者则认为,"几乎无人宣称我们的权利体系已是尽善尽美的了"。② 两相比照,可能更为明显。

三、神化宪法的原因

当代西方社会,尤其是在当代美国,随着科学主义的盛行和公民意识的觉醒,伴随着世俗化的进程,各种各样的权威受到空前的挑战。然而,与之并行的,另外一种景象也为人所司空见惯,那就是神化的思维。如果说在美国还有神的话,那么,上帝毫无疑问是受人信仰最多的神。除了这个看不见、摸不着的神以外,还有一个看得见、摸得着的神,这个神就是美国的宪法。作为国家的标志,美国宪法在美国具有至高无上的地位。普通美国公民将宪法奉若神明,表现出一种近乎宗教式的狂热崇拜。美国宪法学家路易斯·亨金(Louis Henkin)指出:"对于美国人民,宪法是他们的圣经,是他们引以为骄傲的祖国的象征,是

---

① Cass Sunstein, *The Second Bill of Rights: FDR's Unfinished Revolution-And Why We Need It More Than Ever*, Basic Books, 2006, p. 2.

② 〔美〕路易斯·亨金:《权利的时代》,信春鹰、吴玉章、李林译,北京:知识出版社1997年版,第154页。

他们美好生活的清晰表述,是他们自由的宪章"。① 就是一些学者,也常常迸发出诗人的热情,拜倒在宪法的裙下。

美国宪法研究的专家,历史学家查尔斯·比尔德曾经将对美国宪法的历史解释分为三类:第一种观点被美国宪法史学家称为"班克罗夫特派",这一派的人士将美国宪法视为"由一个在上帝领导下的民族所具有的特殊的精神秉赋的产物"。用班克罗夫特的话讲,美国宪法的产生,可以看出"神力的活动,这种力量使得宇宙获得统一,使种种事件获得秩序与关联。"第二种观点被美国宪政史家称为"条顿派"。这一派的观点认为,条顿民族与生俱来就具有独特的政治才能,他们侵入英格兰,树立了自由与宪政的楷模,然后再殖民美利坚,重新利用他们的政治天才制订了美国宪法。对于这些传说式的说法,严肃的美国学界更倾于第三种态度,第三派对历史的研究虽然无从加以称谓,但是,却收效甚大,"它养成了小心采用历史资料的态度,并且提供了许多优美而且精确的关于表面事实的考证,对于准备深究内在原因的学者,这些工作是不可或缺的。"②而对于美国宪法的那种神化,学界几乎都将其视为一种意识形态的说教,不予理会。然而,国内学界亦有一部分学者,对于美国宪法推崇备至,将那些本来已经神化了的

---

① 〔美〕路易斯·亨金:《导论》,载〔美〕路易斯·亨金、阿尔伯特·J.罗森塔尔编:《宪政与权利》,郑戈等译,北京:生活·读书·新知三联书店1996年版,第1页。

② 〔美〕查尔斯·比尔德:《美国宪法的经济观》,何希齐译,北京:商务印书馆1984年版,第13—15页。

"故事"再加渲染,使得本来已神化了的美国宪法遮上层层面纱。

对美国宪法认识误区的形成,有着各种各样的原因;而且,不同的人会有不同的误区,在这里,我们无法一一罗列。然而,有一些误区的形成,却有着一些共同的原因。本文在此仅做简单分析。

对美国宪法的认识,使用了一些带有夸张、传奇色彩的文学作品,这可能是对美国宪法错误认识的一个原因。实际上,如果我们做认真的学术检查就会发现,神化美国宪法基本上不是学术界的认真研究,而是一般的文学作品和宣传材料。不恰当地使用文学作品或者宣传材料来认识宪法,从而美化甚至是神化宪法。在研究宪法的过程中,使用研究材料不当,没有经过严肃的历史考据,就理所当然地认为宪法本来就该如此,这使得美国宪法成为被想象出来的宪法。

美化,甚至是神化美国宪法,几乎一直是美国文学界的拿手好戏,尤其是在那些小说作家、传记作家那里,这实际上有一种戏说的味道,却被中国的一些学者拿来当真地大加颂扬。在我国,这种情况也大量存在。中国某些学者对美国宪法的神话深受这种行文的影响,没有分清真实的历史和戏说之间的区别,如同拿《戏说乾隆》电视连续剧上的细节来研究清史一样好笑。对于美国宪法的制定过程,甚至有人指出:"今天来看,怎么赞美美国宪法的制定过程都不为过。无论是从人类文明史角度所说的'奇迹的一跃',还是对其制定的曲折过程的评价——'伟大的妥协'，都是从不同方面表明这部人类第一部成文宪法的地位。"① 这显然是看过了深受感染的小说才会说出来的话。

最近由凯瑟琳·鲍恩写作的《民主的奇迹：美国宪法制定的 127 天》一书在国内出版就是一个例子。凯瑟琳·德林克·鲍恩本人坦白地承认，她本人就"带着历史学家乔治·班克罗夫特式的观念心态"。② 一个传记作家，"以小说的笔法"再现那个时代的历史场景，肯定会比麦迪逊的《辩论》更引人入胜，一如《甄嬛传》之于《清史稿》，然而，如果真的因此而将富兰克林所谓的"一次实验"称为"宇宙洪荒，开天辟地"，将其本质上视为人类进入民族—国家时代一次空前的建国行动，这恐怕还有待考察。连资中筠这样一流的学者也认为"书名'奇迹'决非夸大"，而认为"专业学者和一般读者都可从轻松的阅读中获益良多"，这恐怕有商业炒作的嫌疑了。③

轻信一些带有意识形态色彩的宣传，将宣传误认为史实，亦是美国宪法认识误区的另一个重要原因。在神化美国宪法的同时，学术界爱屋及乌地将与宪法相关的一些历史文件也神化了。学者大量引用《联邦党人文集》就是一个典型的例子。在美国，一些宪法原旨主义者甚至仍然引

---

① 严杰夫：《重返美国宪法制定现场》，《都市快报》2013 年 7 月 24 日。
② 凯瑟琳·鲍恩：《民主的奇迹：美国宪法制定的 127 天》，郑明萱译，北京：新星出版社 2013 年版，第 2 页。
③ 凯瑟琳·鲍恩：《民主的奇迹：美国宪法制定的 127 天》，郑明萱译，北京：新星出版社 2013 年版。

用《联邦党人文集》来解释宪法。而且,这种情况在学术界亦不同程度地存在。就该书的目的来看,这不过是为了使宪法在各州通过而撰写的一些宣传性的小文而已。在一次演说中,达尔明确地劝说他在耶鲁大学法学和政治学的同事:"我想劝你们不要引用《联邦党人文集》中给出的解释。"原因就在于:"这些解释远非对宪法批评性的、客观的分析。如果我们用字典上的定义来解释宣传,即'系统地传播以鼓励或伤害某项事业、国家等的信息或观念',那么,《联邦党人文集》确信无疑就是宣传。"① 该书是联邦党人按照"后发生者必然是结果的推论形式"写成的,其目的就是想"劝说那些仍然对提出的宪法的功效表示怀疑的人,以便使它能够在即将举行的各州大会上安全通过"。虽然这些论文确实写得非常精美,而且大部分内容直到今天仍然值得一读,然而,这些论文把制宪会议的工作粉饰得比实际上更条理分明、浑然一体、合情合理而又令人信服。②

今天看来,这种意识形态的色彩仍然存在。对自由派来讲,美国宪法是权力的铁笼子,权利的保护神,因而也是自由主义最神圣、最崇高的法典。这使得他们在译介美国宪法时,几乎对那些宪法的批评要么是视而不见,要么就是一棍子打死。对新左派来讲,他们则走了另外一个片

---

① Robert Dahl, *How Democratic Is the American Constitution?* Yale University Press, 2001, p. 64.

② Ibid., p. 65.

面，更多地强调美国宪法不民主的一面，在他们眼里，美国宪法蔑视人权，践踏平等，甚至是种族主义的。各种意识形态从已有的知识体系和态度倾向出发，片面地强调美国宪法的某一方面，这必然会造成认识上的误区。

封闭心态、偏执的意识形态可能是造成宪法认识误区的另一个原因。达尔明确地将对宪政秩序的历史信条归入美国的五种历史信条当中，而这种历史信条是"我们自己的心智强加给我们的限制"，"是我们自己造成的愚昧。"① 宪政是美国为自由政治与宪政秩序所作的安排，它把保护公民中某些政治权利和公民权利放在首位，宪政秩序的历史信条就在于"设计保护当时人们普遍认为是最重要的个人权利和自由。"② 从 1776 年的《独立宣言》开始，到 1804 年杰斐逊就任总统，这一历史信条最终得以形成。在此之后，对宪政观念的质疑被认为是离经叛道，任何反对的声音都会招来群起而攻之，甚至连对宪政秩序的认真思考都无法展开。"由于各种各样的理由，立宪会议很早就被奉为神明，而且在一个极其短暂的时期，关于宪法基本框架的争论几乎销声匿迹了；即使在南北战争前进行的有关宪法的争论，表面上关心的却是立宪会议的真实目的的

---

① Robert Dahl, "On Removing Certain Impediments to Democracy," *Political Science Quarterly*, Vol. 92, No. 1, 1977, p. 1.

② Robert Dahl, "Liberal Democracy in the United States," in Wm. S. Livingston, ed., *A Prospect of Liberal Democracy*, Austin: University of Texas, 1979, p. 57.

问题。"①

在中国学术界对于美国宪法的争论中，也存在同样的情况。美国宪法表达出来的限制权力的精神以及最终落实下来的分权制衡的体系被个别自由派学者奉为典范，甚至完全不顾美国宪法分权制衡体系中存在的诸多问题。如果只将某一时期、某一派别的理论奉为一成不变的真理，以封闭的心态，偏执、片面地认识宪法，拒斥对宪法的任何批评，其结果，一定是对美国宪法的神化，对美国权力的实际运作没有正确的认识。

当宪法被作为国家偶像，毫无保留地奉上神龛时，人们发现，这种对宪法的崇拜是盲目的。达尔甚至认为，即使有过对宪法的深刻批评也常常限于学院派的宪政学者，"作为整体的宪法很少以民主的标准加以检视"。正是基于这样的判断，达尔才号召："是该鼓励和极大地拓宽对宪法及其缺点的关键性检查的时候了"，对宪法的盲目崇拜使得人们对宪法的反民主性视而不见，富于洞见的公共辩论实际上根本就不存在。②

德国著名思想家恩斯特·卡西尔（Ernst Cassirer）认定，国家发展的历史就是理性与神话矛盾斗争的历史。③ 当

---

① 〔美〕罗伯特·达尔：《民主理论的前言》，顾昕译，北京：东方出版社2006年版，第131页。

② Robert Dahl, *How Democratic Is the American Constitution?* Yale University Press, 2001, pp. 155-156.

③ 〔德〕恩斯特·卡西尔：《国家的神话》，范进等译，北京：华夏出版社1998年版，第72页。

我们今天看到巴比伦史诗将马杜克的世界宣布为永恒，而他的命令被宣布为不可改变时，可能只是付诸一笑。毫无疑问，美国的宪法亦无法摆脱这一命运。它实现了"Lex, rex"〔法律为王〕这一古代罗马人的箴言，为西方的宪政文明开启了先机；然而，当人们将宪法奉上祭坛时，对宪法的神化就变得比任何时候都更迫切地需要理性的检查。

参 考 文 献

一、西方文献（英文）

（一）英文著作

1. A. H. M. Jones, *Athenian Democracy*, Oxford: Baisil Blackwell, 1977.
2. A. P. d'entreves, *Natural Law: An Historical Survey*, New York: Happer & Row Publishers, 1965.
3. Alexander Hamilton, James Madison, John Jay, *The Federalist Papers*, Beijing: China Social Science Publishing House, 1999.
4. Anthony Arblaster, *The Rise and Decline of Western Liberalism*, Oxford: Basil Blackwell, 1984.
5. Benjamin Barber, *A passion for democracy, American essays*, Princeton New Jesey: Princeton University Press, 1998.
6. Broadus Mitchell, *Alexander Hamilton*, New York: Oxford University Press, 1976.
7. Bruce Miroff, *The Democratic Debate*, Boston: Houghton Mifflin Company, 1995.
8. Carlos Santiago Nino, *The Constitution of Deliberative Democracy*, New Haven & London: Yale University Press, 1996.
9. Cass Sunstein, *The Second Bill of Rights: FDR's Unfinished Revolution-And Why We Need It More Than Ever*, Basic Books, 2006.
10. Cicero, *On the Commonwealth and On the Laws*, edited by James E.

G. Zetzel, Cambridge: Cambridge University Press, 1999.

11. David Pottered, *Democratization*, Malden, Ma: Political Press, 1997.

12. Donald A. Wittman, *The Myth of Democratic Failure: Why Political Institutions Are Efficient*, Chicago: University of Chicago Press, 1996.

13. Doris Kearns Goodwin, *No Ordinary Time: Franklin and Eleanor Roosevelt: The Home Front in World War II*, Simon & Schuster, 1995.

14. G. W. F. Hegel, *Philosophy of Right*, Translated by T. M. Knox, Oxford: Clarendon Press, 1965.

15. G. W. F. Hegel, *Philosophy of right*, Translated by S. W. Dyde. Kitchener, Ont. : Batoche, 2001.

16. Gary Wills, *Inventing America: Jefferson's Declaration of Independence*, Garden City, New York: Doubleday, 1978.

17. George H. Sabine, *A History of Political Theory*, New York: Henry Holt and Company, 1950.

18. George Lukacs, *The Process of Democratization*, State University of New York Press, 1991.

19. Gustave Le Bon, *The Psychology of Revolution*, New York: G. P. Putnam's & Sons, 1913.

20. Hayek, *Law Legislation and Liberty*, Vol. 3, Chicago and London: The University of Chicago Press and Toultage & Kegan Paul, 1978.

21. Hayek, *New Studies in Philosophy Politics Economics and the History of Ideas*, Chicago and London: the University of Chicago Press and Toultage & Kegan Paul, 1978.

22. Herbert Croly, *The Promise of American life*, New York: Macmillan Company, 1910.

23. Hugo Grotius, *On the Law of War and Peace*, translated by A. C. Campbell, A. M. , Batoche books Kitchener, 2001.

24. Isaiah Berlin, *Four Essays on Liberty*, Oxford: Oxford University Press, 1984.

25. Isaish Berlin, Introduction, Joseph de Maistre, *Considerations on France*,

edited by Richard Lerun, Cambridge University Press, 1994.
26. Jack Hayward, *After the French Revolution: Six Critics of Democracy and Nationalism*, New York: Harvester Wheatsheaf, 1991.
27. Jackson Turner Main, *The Anti-Federalists: Critics of the Constitution, 1781-1788*, New York: W. W. Norton, 1974.
28. James Madison, *Notes of debates in the Federal Convention of 1787*, Athens, Ohio: Ohio University Press, 1984.
29. James Madison, *The Writings of James Madison*, Vol. 14. New York: G. P. Putnam's Sons, 1983.
30. Jean Bodin, *On Sovereignty: Four Chapters from The Six Books of a Commonwealth*, translated by Julian H. Franklin, Cambridge: Cambridge University Press, 1992.
31. Jean Bodin, *Six Books of the Commonwealth*, Vol. 1, translated by M. J. Tooley Oxford: Basil Blackwell, 1955.
32. Jean-Jacques Rousseau, Considerations on the Government of Poland, *The Social Contract and Other Later Political Writings*, edited by Victor Gourevitch, Cambridge: Cambridge University Press, 1997.
33. John Dewey, *Individualism Old and New*, New York: Minton, Black & Company, 1930.
34. John Dewey, *The public and its problems*, New York: H. Holt and Company, 1927.
35. Jon Poper, *Democracy and Its Critics Anglo-American Democratic Thought in the Nineteenth Century*, London: Unwin Hyman, Inc. , 1989.
36. Jose Ortega Gasset, *The Revolt of the Masses*, Notre Dame, IN: University of Notre Dame Press, 1985.
37. Joseph Raz, *The Authority of Law: essays on law and morality*, Oxford: Clarendon Press, 1979.
38. Julian H. Frankin, *Jean Bodin and the Rise of Absolutist Theory*, Cambridge: Cambridge University Press, 1973.
39. Lucio Colletti, *From Rousseau to Lenin*, New York: Monthly Review

Press, 1972.

40. Max Farrand, ed., *The Records of the Federal Convention of 1787*, Vol. 1, New Haven: Yale University Press, 1937.

41. Max Farrand, ed., *The Records of the Federal Convention of 1787*, Vol. 2, New Haven: Yale University Press, 1937.

42. Max Farrand, ed., *The Records of the Federal Convention of 1787*, Vol. 3, New Haven: Yale University Press, 1937.

43. Max Farrand, ed., *The Records of the Federal Convention of 1787*, Vol. 4, New Haven: Yale University Press, 1937.

44. Michael Sandel, *Democracy's discontent: America in search of a public philosophy*, Cambridge, Mass. : Belknap Press of Harvard University Press, 1996.

45. Philip Pettit, *Republicanism: A Theory of Freedom and Government*, Oxford: Clarendon Press, 1997.

46. Ralph Ketcham, ed., *The Anti-Federalist Papers and the Constitutional Convention Debates*, New York: New American Library, 1961.

47. Raphael Sealey, *A History of the Greek City States ca. 700-338B. C.* Berkeley: University of California Press, 1976.

48. Richard Pells, *Radical Visions and American Dreams*, New York: Harper and Row Publishers Inc., 1973.

49. Robert A Dahl, *A Preface to Economic Democracy*, Cambridge: Polity Press, 1985.

50. Robert A. Dahl, *Democracy and its Critics*, New Haven and London: Yale University Press, 1989.

51. Robert A. Dahl, *How Democratic Is the American Constitution?* New Haven: Yale University Press, 2001.

52. Robert Dahl, *Pluralist Democracy*, Chicago: Rand McNally, 1967.

53. Samule Huntington, *The Third Wave, Democratization in the Late Twentieth Century*, Norman: University of Oklahoma Press, 1991.

54. T. H. Marshall, Citizenship and Social Class, *Contemporary Political Phi-*

losophy, *An Anthology*, edited by Robert E. Goodin and Philip Pettit, Oxford: Blackwell Publishers Ltd, 1997.
55. Thomas Carlyle, *The French Revolution: A History*, London: James Fraser, 1837.
56. Thomas Hobbes, *Leviathan*, 1651, Beijing: China Social Science Publishing House, 1999.
57. Thomas Hobbes, *Man and Citizen*, edited by Bernard Gert, Gloucester, Mass: Peter Smith, 1978.
58. Thomas Hobbes, *On the Citizen*, edited by Richard Tuck and Michael Silverthorne, Cambridge: Cambridge University Press, 1998.
59. Thomas Hobbes, *The Elements of Law: Natural and Politic*, ed., J. C. A. Gaskin, Oxford; New York: Oxford University Press, 1994.
60. Thomas Jefferson, *The Writings of Thomas Jefferson* edited by Lipscomb and Bergh, Vol. 1, Washington, D. C., 1903-1904.
61. Thomas Jefferson, *The Writings of Thomas Jefferson* edited by Lipscomb and Bergh, Vol. 3, Washington, D. C., 1903-1904.
62. Thomas Jefferson, *The Writings of Thomas Jefferson* edited by Lipscomb and Bergh, Vol. 8, Washington, D. C., 1903-1904.
63. Thomas Jefferson, *The Writings of Thomas Jefferson* edited by Lipscomb and Bergh, Vol. 10, Washington, D. C., 1903-1904.
64. Thomas Jefferson, *The Writings of Thomas Jefferson* edited by Lipscomb and Bergh, Vol. 15, Washington, D. C., 1903-1904.
65. Thomas Jefferson, *The Writings of Thomas Jefferson* edited by Lipscomb and Bergh, Vol. 16, Washington, D. C., 1903-1904.
66. Walter Ullmann, *Medieval Political Thought*, New York: Penguin Books, 1965.
67. William A. Galston, *Liberal Pluralism: the implications of value Pluralism for political theory and practice*, Cambridge: Cambridge University Press, 2002.

(二) 英文论文及参考案例

68. Alessandro Ferrara, "Of Boats and Principles: Reflections on Habermas's '*Constitutional Democracy*'," *Political Theory*, Vol. 29, No. 6, 2001.

69. Alfred A. Young, "Conservatives, the Constitution, and the 'Sprit of Accommodation'," in Robert A. Goldwin and William A. Schambra, eds., *How Democratic Is the Constitution?* Washington, D. C.: American Enterprise Institute, 1980.

70. Bonnie Honig, "Dead Rights, Live Futures: A Reply to Habermas's '*Constitutional Democracy*'," *Political Theory*, Vol. 29, No. 6, 2001.

71. F. I. Michelman, "Conceptions of Democracy in American ConstitutionalArgument, Voting Rights," *Florida Law Review*, Vol. 41, No. 3, 1989.

72. Francis Fukuyama, "The Decay of American Political Institutions," *The American Interest*, Vol. 9, No. 3, 2013. http://www.the-american-interest.com/articles/2013/12/08/the-decay-of-american-political-institutions/

73. Frank Michelman, "Law's Republic," *The Yale Law Journal*, Vol. 97, No. 8, 1988.

74. Jack Lively and Andrew Reeve, "The Emergence of the Idea of Civil Society: The Artificial Political Order and Natural Social Orders," Robert Fine and Shirin Rai, *Civil Society: Democratic Perspectives*, London, Portland, OR: F. Cass, 1997.

75. Jürgen Habermas, "Constitutional Democracy: A Paradoxical Union of Contradictory Principles?" *Political Theory*, Vol. 29, No. 6, 2001.

76. Jürgen Habermas, "What does Socialism Mean Today? The Rectifying Revolution and the Need for New Thinking on the Left," *New Left Review*, Sept./Oct., 1990.

77. Michael Sandel, "The Procedural Republic and the Unencumbered Self," *Political Theory*, Vol. 12. No. 1, 1984.
78. Michael Sandel, "On Republicanism and Liberalism," *The Harvard Review of Philosophy*, Spring 1996.
79. Quentin Skinner, "The Paradox of Political Liberty," see *The Tanner Lectures on Human Value*, Vol. VII, edited by S. McMurrin, Salt Lake City: University of Utah Press, 1986.
80. Robert A. Rutland, "On Madison and the Bill of Rights," see Robert A. Rutland, *James Madison: The Founding Father*, New York: Macmillan, 1987.
81. Robert Dahl, "Liberal Democracy in the United States," in Wm. S. Livingston, ed., *A Prospect of Liberal Democracy*, Austin: University of Texas, 1979.
82. Robert Dahl, "On Removing Certain Impediments to Democracy," *Political Science Quarterly*, Vol. 92, No. 1, 1977.
83. West Virginia State Board of Education v. Barnette, 319 U. S. 624, at 638. (1943)

二、西方文献（中译本）

（一）著作类

1. 《黑格尔法哲学批判》，《马克思恩格斯全集》第 1 卷，北京：人民出版社 1956 年版。
2. 《大陆上社会改革运动的进展》，《马克思恩格斯全集》第 1 卷，北京：人民出版社 1956 年版。
3. 《马克思恩格斯全集》第 3 卷，北京：人民出版社 2002 年版。
4. 《马克思恩格斯全集》第 21 卷，北京：人民出版社 1965 年版。
5. 《马克思恩格斯全集》第 42 卷，北京：人民出版社 1979 年版。
6. 《马克思恩格斯文集》第 1 卷，北京：人民出版社 2009 年版。
7. 《马克思恩格斯文集》第 2 卷，北京：人民出版社 2009 年版。

8. 《马克思恩格斯选集》第 2 卷，北京：人民出版社 1995 年版。

9. 《列宁全集》第 35 卷，北京：人民出版社 1985 年版。

10. 《列宁全集》第 37 卷，北京：人民出版社 1986 年版。

11. 《列宁全集》第 38 卷，北京：人民出版社 1959 年版。

12. 〔古希腊〕柏拉图：《法律篇》，张智仁、何勤华译，上海：上海人民出版社 2001 年版。

13. 〔古希腊〕柏拉图：《斐多》，杨绛译，沈阳：辽宁人民出版社 2000 年版。

14. 〔古希腊〕亚里士多德：《政治学》，吴寿彭译，北京：商务印书馆 1965 年版。

15. 〔古希腊〕修昔底德：《伯罗奔尼撒战争史》，谢德风译，北京：商务印书馆 1960 年版。

16. 〔古罗马〕西塞罗：《国家篇 法律篇》，沈叔平、苏力译，北京：商务印书馆 1999 年版。

17. 〔古罗马〕西塞罗：《论共和国 论法律》，王焕生译，北京：中国政法大学出版社 1997 年版。

18. 〔德〕恩斯特·卡西尔：《国家的神话》，范进等译，北京：华夏出版社 1998 年版。

19. 〔德〕哈贝马斯：《包容他者》，曹卫东译，上海：上海人民出版社 2002 年版。

20. 〔德〕哈贝马斯：《公共领域的结构转型》，曹卫东等译，上海：学林出版社 1999 年版。

21. 〔德〕哈贝马斯：《交往与社会进化》，张博树译，重庆：重庆出版社 1989 年版。

22. 〔德〕黑格尔：《法哲学原理》，范扬、张企泰译，北京：商务印书馆 1961 年版。

23. 〔德〕康德：《法的形而上学原理——权利的科学》，沈叔平译，北京：商务印书馆 1991 年版。

24. 〔德〕康德：《永久和平论》，载康德：《历史理性批判文集》，何兆武译，北京：商务印书馆1990年版。

25. 〔德〕康德：《康德书信百封》，李秋零编译，上海：上海人民出版社1992年版。

26. 〔德〕马克斯·韦伯：《儒教与道教》，王容芬译，北京：商务印书馆1997年版。

27. 〔德〕马克斯·韦伯：《新教伦理与资本主义精神》，于晓、陈维纲等译，北京：生活·读书·新知三联书店1987年版。

28. 〔德〕马克斯·韦伯：《学术与政治》，冯克利译，北京：生活·读书·新知三联书店1998年版。

29. 〔德〕雅赛：《重申自由主义：选择、契约、协议》，陈茅等译，北京：中国社会科学出版社1997年版。

30. 〔德〕尤尔根·哈贝马斯：《后民族结构》，曹卫东译，上海：上海人民出版社2002版。

31. 〔法〕邦雅曼·贡斯当：《古代人的自由与现代人的自由》，阎克文、刘满贵译，北京：商务印书馆1999年版。

32. 〔法〕卢梭：《社会契约论》，何兆武译，北京：商务印书馆1980年版。

33. 〔法〕罗伯斯比尔：《革命法制和审判》，赵涵舆译，北京：商务印书馆1965年版。

34. 〔法〕马布利：《马布利选集》，何清新译，北京：商务印书馆1981年版。

35. 〔法〕孟德斯鸠：《论法的精神》上、下卷，北京，商务印书馆1982年版。

36. 〔法〕米涅：《法国革命史》，北京编译社译，北京：商务印书馆1977年版。

37. 〔法〕米歇尔·克罗齐、〔日〕绵贯让治、〔美〕塞缪尔·亨廷顿：《民主的危机》，马殿军等译，北京：求实出版社1989年版。

38. 〔法〕托克维尔：《旧制度与大革命》，冯棠译，北京：商务印书馆1992年版。

39. 〔法〕托克维尔:《论美国的民主》上、下卷,董果良译,北京:商务印书馆1993年版。

40. 〔法〕西耶士:《论特权 第三等级是什么?》,冯棠译,北京:商务印书馆1991年版。

41. 〔荷〕斯宾诺莎:《政治论》,冯炳昆译,北京:商务印书馆1999年版。

42. 〔美〕阿兰·S.罗森鲍姆编:《宪政的哲学之维》,郑戈、刘茂译,北京:生活·读书·新知三联书店2001年版。

43. 〔美〕阿罗:《社会选择:个性与多准则》,钱晓敏、孟岳良译,北京:首都经济贸易大学出版社2000年版。

44. 〔美〕埃里克·方纳:《美国自由的故事》,王希译,北京:商务印书馆2002年版。

45. 〔美〕艾德勒:《六大观念》,郗庆华译,北京:生活·读书·新知三联书店1998年版。

46. 〔美〕本杰明·史华兹:《寻求富强:严复与西方》,叶凤美译,南京:江苏人民出版社1996年版。

47. 〔美〕伯尔曼:《法律与革命》,贺卫方等译,北京:中国大百科全书出版社1993年版。

48. 〔美〕伯尔曼:《法律与宗教》,梁治平译,北京:生活·读书·新知三联书店1991年版。

49. 〔美〕查尔斯·比尔德:《美国宪法的经济观》,何希齐译,北京:商务印书馆1984年版。

50. 〔美〕道格拉斯·拉米斯:《激进民主》,刘元琪译,北京:中国人民大学出版社2002版。

51. 〔美〕德沃金:《认真对待权利》,信春鹰、吴玉章译,北京:中国大百科全书出版社1998年版。

52. 〔美〕杜威:《新旧个人主义:杜威文选》,孙有中等译,上海:上海社会科学院出版社1997年版。

53. 〔美〕汉密尔顿、杰伊、麦迪逊:《联邦党人文集》,程逢如等译，北京：商务印书馆1980年版。

54. 〔美〕汉娜·鄂兰：《极权主义的起源》，林骧华译，台北：时报文化1995年版。

55. 〔美〕霍伊：《自由主义政治哲学：哈耶克的政治思想》，刘锋译，北京：生活·读书·新知三联书店1992年版。

56. 〔美〕加布里埃尔·阿尔蒙德、西德尼·维巴：《公民文化——五国的政治态度和民主》，马殿君等译，杭州：浙江人民出版社1989年版。

57. 〔美〕杰斐逊：《杰斐逊选集》，朱曾汶译，北京：商务印书馆1999年版。

58. 〔美〕杰斐逊等：《资产阶级政治家关于人权、自由、平等、博爱言论选录》，北京：世界知识出版社1963年版。

59. 〔美〕凯瑟琳·鲍恩：《民主的奇迹：美国宪法制定的127天》，郑明萱译，北京：新星出版社2013年版。

60. 〔美〕理查德·霍夫施塔特：《美国政治传统及其缔造者》，北京：商务印书馆1964年版。

61. 〔美〕路易斯·亨金：《权利的时代》，信春鹰、吴玉章、李林译，北京：知识出版社1997年版。

62. 〔美〕罗伯特·达尔：《多元主义民主的困境——自治与控制》，尤正明译，北京：求实出版社1989年版。

63. 〔美〕罗伯特·达尔：《民主理论的前言》，顾昕、朱丹译，北京：生活·读书·新知三联书店1999年版。

64. 〔美〕罗纳德·德沃金：《自由的法：对美国宪法的道德解读》，刘丽君译，上海：上海人民出版社2001年版。

65. 〔美〕梅里亚姆：《美国政治学说史》，朱曾汶译，北京：商务印书馆1988年版。

66. 〔美〕萨拜因：《政治学说史》上册，盛怀阳、崔妙因译，北京：商务印书馆1986年版。

67. 〔美〕萨拜因：《政治学说史》下册，刘山等译，北京：商务印书馆 1986 年版。

68. 〔美〕萨托利：《民主新论》，冯克利、阎克文译，北京：东方出版社 1998 年版。

69. 〔美〕塞缪尔·亨廷顿：《第三波——20 世纪后期民主化浪潮》，刘军宁译，上海：上海三联书店 1998 年版。

70. 〔美〕塞缪尔·亨廷顿：《文明的冲突与世界秩序的重建》，周琪等译，北京：新华出版社 2002 年版。

71. 〔美〕桑福德·列文森：《美国不民主的宪法》，时飞译，北京：北京大学出版社 2010 年版。

72. 〔美〕施特劳斯、克罗波西：《政治哲学史》上册，李天然等译，石家庄：河北人民出版社 1993 年版。

73. 〔美〕斯东：《苏格拉底的审判》，董乐山译，北京：生活·读书·新知三联书店 1998 年版。

74. 〔美〕斯科特·戈登：《控制国家——西方宪政的历史》，应奇等译，南京：江苏人民出版社 2001 年版。

75. 〔美〕孙斯坦：《自由市场与社会正义》，金朝武等译，北京：中国政法大学出版社 2001 年版。

76. 〔美〕泰格、利维：《法律与资本主义的兴起》，纪琨译，上海：学林出版社 1996 年版。

77. 〔美〕托马斯·杰斐逊：《杰斐逊选集》，朱曾汶译，北京：商务印书馆 1999 年版。

78. 〔美〕文森特·奥斯特罗姆：《复合共和制的政治理论》，毛寿龙译，上海：上海三联书店 1999 年版。

79. 〔美〕沃浓·路易·帕灵顿：《美国思想史》，陈永国等译，长春：吉林人民出版社 2002 年版。

80. 〔美〕沃特金斯：《西方政治传统——近代自由主义之发展》，杨健等译，长春：吉林人民出版社 2001 年版。

81. 〔美〕熊彼特：《资本主义、社会主义与民主》，吴良健译，北京：商务印书馆 1999 年版。

82. 〔美〕约翰·罗尔斯:《正义论》,何怀宏等译,北京:中国社会科学出版社 1988 年版。

83. 〔美〕约翰·罗尔斯:《政治自由主义》,万俊人译,南京:译林出版社 2000 年版。

84. 〔美〕约翰·罗尔斯:《作为公平的正义——正义新论》,姚大志译,上海:上海三联书店 2002 年版。

85. 〔美〕詹姆斯·布坎南:《财产与自由》,韩旭译,北京:中国社会科学出版社 2002 年版。

86. 〔瑞士〕托马斯·弗莱纳:《人权是什么?》,谢鹏程译,北京:中国社会科学出版社 2000 年版。

87. 〔苏〕涅尔谢相茨:《古希腊政治学说》,蔡拓译,北京:商务印书馆 1991 年版。

88. 〔意〕圭多·德·拉吉罗:《欧洲自由主义史》,杨军译,长春:吉林人民出版社 2001 年版。

89. 〔意〕马基雅维里:《君主论》,潘汉典译,北京:商务印书馆 1985 年版。

90. 〔意〕马基雅维利:《李维罗马史疏议》,吕健忠译,台北:左岸文化 2003 年版。

91. 〔英〕阿克顿:《自由史论》,胡传胜等译,南京:译林出版社 2001 年版。

92. 〔英〕阿克顿:《自由与权力》,侯健、范亚锋译,北京:商务印书馆 2001 年版。

93. 〔英〕阿伦·布洛克:《西方人文主义传统》,董乐山译,北京:生活·读书·新知三联书店 1998 年版。

94. 〔英〕安东尼·吉登斯:《超越左与右——激进政治的未来》,李惠斌、杨雪冬译,北京:社会科学文献出版社 2000 年版。

95. 〔英〕伯林:《反潮流:观念史论文集》,冯克利译,南京:译林出版社 2002 年版。

96. 〔英〕戴雪:《英宪精义》,雷宾南译,北京:中国法制出版社

2001 年版。

97. 〔英〕哈林顿：《大洋国》，何新译，北京：商务印书馆 1963 年版。

98. 〔英〕哈耶克：《法律、立法与自由》第二、三卷，邓正来等译，北京：中国大百科全书出版社 2000 年版。

99. 〔英〕哈耶克：《经济、科学与政治——哈耶克思想精粹》，冯克利译，南京：江苏人民出版社 2000 年版。

100. 〔英〕哈耶克：《通往奴役之路》，王明毅等译，北京：中国社会科学出版社 1997 年版。

101. 〔英〕哈耶克：《自由秩序原理》上卷，邓正来译，北京：生活·读书·新知三联书店 1997 年版。

102. 〔英〕霍布豪斯：《自由主义》，朱曾汶译，北京：商务印书馆 1996 年版。

103. 〔英〕霍布斯：《利维坦》，黎思复、黎廷弼译，北京：商务印书馆 1985 年版。

104. 〔英〕洛克：《政府论》下卷，瞿菊农、叶启芳译，北京：商务印书馆 1964 年版。

105. 〔英〕麦克里兰：《西方政治思想史》，彭淮栋译，海口：海南出版社 2003 年版。

106. 〔英〕密尔：《论自由》，程崇华译，北京：商务印书馆 1982 年版。

107. 〔英〕雅赛：《重申自由主义：选择、契约、协议》，陈茅等译，北京：中国社会科学出版社 1997 年版。

108. 〔英〕詹宁斯：《法与宪法》，龚祥瑞、侯健译，北京：生活·读书·新知三联书店 1997 年版。

（二）论文类

109. 〔德〕哈贝马斯：《民主法制国家：矛盾的诸原则之间一种背谬的联结？》，薛华译，载《世界哲学》2002 年第 6 期。

110. 〔意〕萨托利：《"宪政"疏议》，晓龙译，载刘军宁等编：《市场逻辑与国家观念》(《公共论丛》第一辑），北京：生活·读书·新知三联书店 1995 年版。

111. 〔美〕詹妮弗·内德尔斯基：《美国宪政与私有财产权的悖论》，载〔美〕埃尔斯特、〔挪〕斯莱格斯塔德编：《宪政与民主——理性与社会变迁研究》，谢鹏程译，北京：生活·读书·新知三联书店 1997 年版。

112. 〔挪〕弗朗西斯·西阶尔斯特德：《民主与法治：关于追求良好政府过程中的矛盾的一些历史经验》，载〔美〕埃尔斯特、〔挪〕斯莱格斯塔德编：《宪政与民主——理性与社会变迁研究》，谢鹏程译，北京：生活·读书·新知三联书店 1997 年版。

113. 〔美〕史蒂芬·霍姆斯：《先定约束与民主的悖论》，载〔美〕埃尔斯特、〔挪〕斯莱格斯塔德编：《宪政与民主——理性与社会变迁研究》，潘勤译，北京：生活·读书·新知三联书店 1997 年版。

114. 〔美〕墨菲：《大陆法、普通法与宪政民主》，信春鹰译，载刘军宁主编：《经济民主与经济自由》，北京：生活·读书·新知三联书店 1997 年版。

115. 〔美〕尼基佛罗斯·戴蒙都罗斯：《南欧民主化的成功故事》，载刘军宁编《民主与民主化》，北京：商务印书馆 1999 年版。

116. 〔美〕塞缪尔·亨廷顿：《再论文明的冲突》，李俊清编译，《马克思主义与现实》2003 年第 1 期。

117. 〔美〕马克·普拉特纳：《自由主义与民主：二者缺一不可》，载刘军宁编《民主与民主化》，北京：商务印书馆 1999 年版。

118. 〔法〕查尔斯·S. 迈耶：《法国大革命以来的民主》，载〔日〕猪口孝、〔英〕爱德华·纽曼、〔美〕约翰·基恩：《民主的历程》，林猛等译，长春：吉林人民出版社 1999 年版。

119. 〔美〕拉里·戴尔蒙德：《第三波过去了吗？》，载刘军宁编《民主与民主化》，北京：商务印书馆 1999 年版。

120. 〔美〕路易斯·亨金：《导论》，载〔美〕路易斯·亨金、阿尔伯特·J. 罗森塔尔编:《宪政与权利》,郑戈等译,北京:生活·读书·新知三联书店译1996年版。

121. 〔美〕卡斯·R. 森斯坦:《宪法与民主:跋》,载〔美〕埃尔斯特、〔挪〕斯莱格斯塔德编:《宪政与民主——理性与社会变迁研究》,潘勤译,北京:生活·读书·新知三联书店1997年版。

122. 〔美〕阿尔文·托夫勒:《我对未来很乐观》,http://www.southcn.com/it/itpeople/200111301024.htm。

123. 〔英〕罗素:《马基雅维利论》,载〔意〕马基雅维里:《君王论》,惠泉译,海口:海南出版社1994年版。

三、中国文献

(一) 著作类

1. 《毛泽东选集》第2卷,北京:人民出版社1991年版。
2. 《毛泽东文集》第6卷,北京:人民出版社1999年版。
3. 《毛泽东文集》第7卷,北京:人民出版社1999年版。
4. 《刘少奇选集》下卷,北京:人民出版社1980年版。
5. 《邓小平文选》第2卷,北京:人民出版社1994年版。
6. 《邓小平文选》第3卷,北京:人民出版社1993年版。
7. 《江泽民"5·31"重要讲话学习读本》,北京:中共中央党校出版社2002年版。
8. 《高举邓小平理论伟大旗帜,把建设有中国特色社会主义事业全面推向二十一世纪》,北京:人民出版社1997年版。
9. 《全面建设小康社会,开创中国特色社会主义事业新局面》,北京:人民出版社2002年版。
10. 《十六大以来重要文献选编》(上),北京:中央文献出版社2005年版。
11. 《中共中央关于全面深化改革若干重大问题的决定》,《中国共产党第十八届中央委员会第三次全体会议文件汇编》,北京:人民出版社2013年版。

12. 《中共中央关于全面推进依法治国若干重大问题的决定》，北京：人民出版社2014年版。
13. 包刚升：《民主崩溃的政治学》，北京：商务印书馆2014年版。
14. 丛日云：《当代世界的民主化浪潮》，天津：天津人民出版社1999年版。
15. 丛日云：《西方政治文化传统》，大连：大连出版社1996年版。
16. 丛日云：《基督教二元政治观与近代自由主义的兴起》，天津：天津师范大学2001年博士学位论文。
17. 黄克武：《自由的所以然——严复对约翰弥尔自由思想的认识与批判》，上海：上海书店出版社2000年版。
18. 季卫东：《宪政新论——全球化时代的法与社会变迁》，北京：北京大学出版社2002年版。
19. 蒋廷黻：《论专制并蒋胡适之先生》，《蒋廷黻选集》，台北：台北传记文学出版社1979年版。
20. 黎国智：《马克思主义法学论著选读》，北京：中国政法大学出版社1993年版。
21. 梁启超：《新民说》，载《饮冰室合集》文集四，北京：中华书局1936年版。
22. 梁启超：《政治学大家伯伦知理之学说》，载《饮冰室合集》文集十三，北京：中华书局1936年版。
23. 林毓生：《中国传统的创造性转化》，北京：生活·读书·新知三联书店1988年版。
24. 刘军宁：《宪政·民主·共和》，上海：上海三联书店1998年版。
25. 潘伟杰：《现代政治的宪法基础》，上海：华东师范大学出版社2001年版。
26. 钱永祥：《纵欲与虚无之上：现代情境里的政治伦理》，北京：生活·读书·新知三联书店2002年版。
27. 荣剑：《民主论》，上海：上海人民出版社1989年版。
28. 孙国华主编：《法理学教程》，北京：中国人民大学出版社1994

年版。

29. 孙笑侠主编：《法理学》，北京：中国政法大学出版社1996年版。

30. 童之伟：《法权与宪政》，济南：山东人民出版社2001年版。

31. 王沪宁主编：《政治的逻辑——马克思主义政治学原理》，上海：上海人民出版社1994年版。

32. 萧公权：《中国政治思想史》，石家庄：河北教育出版社1999年版。

33. 徐鸿武、郑曙村、宋世明：《当代西方民主思潮评析》，北京：北京师范大学出版社2000年版。

34. 严复：《严复集》第1册，王栻主编，北京：中华书局1986年版。

35. 严复：《严复集》第4册，王栻主编，北京：中华书局1986年版。

36. 杨光斌：《让民主归位》，北京：中国人民大学出版社2015年版。

37. 应奇：《从自由主义到后自由主义》，北京：生活·读书·新知三联书店2003年版。

38. 张灏：《梁启超与中国思想的过渡》，南京：江苏人民出版社1995年版。

39. 张千帆：《西方宪政体系》下册，北京：中国政法大学出版社2001年版。

40. 张文显：《二十世纪西方法哲学思潮研究》，北京：法律出版社1996年版。

41. 赵成根：《民主与公共决策研究》，哈尔滨：黑龙江人民出版社2000年版。

42. 赵震江、付子堂：《现代法理学》，北京：北京大学出版社1999年版。

43. 朱学勤：《道德理想国的覆灭》，上海：上海三联书店1994年版。

44. 卓泽渊：《法律价值》，重庆：重庆大学出版社1994年版。

（二）论文类

1. 布公：《为什么民主必须是自由的?》，刘军宁、王焱主编：《直接民主与间接民主》（《公共论丛》第5辑），北京：生活·读书·新知三联书店 1998 年版。

2. 陈红太：《民主的制度化、法制化和宪政问题》，《中国特色社会主义研究》2004 年第 1 期。

3. 陈志英：《民主也必须宪政——对民主与宪政关系的重新解读》，《晋阳学刊》2004 年第 6 期。

4. 崔建民：《从官僚政治到宪政民主——中国传统政治的特点与其现代转型》，《中国社会科学院研究生院学报》2003 年第 5 期。

5. 冯克利：《信仰与经验间的智慧》，《读书》2001 年第 1 期。

6. 冯世则：《"权力往往导致腐败"》，《读书》2001 年第 10 期。

7. 甘阳：《公民个体为本，统一宪政立国》，《二十一世纪》1996 年 6 月号。

8. 甘阳：《反民主的自由主义还是民主的自由主义？》，《二十一世纪》1997 年 2 月号。

9. 顾肃：《论法治基础上的民主》，《学术界》2000 年第 3 期。

10. 顾肃：《论政治民主的制度保障》，《江苏行政学院学报》2002 年第 2 期。

11. 顾肃：《论政治文明中的民主概念和原则》，《江苏社会科学》2003 年第 6 期。

12. 郭道晖：《民主的限度及其与共和、宪政的矛盾统一》，《法学》2002 年第 2 期。

13. 韩东屏：《民主制度与分权制衡》，《开放时代》2000 年第 2 期。

14. 洪世宏：《无所谓合不合宪法：论民主集中制与违宪审查制的矛盾及解决》，《中外法学》2000 年第 5 期。

15. 季卫东：《社会变革与法的作用》，《开放时代》2002 年第 1 期。

16. 季卫东：《秩序的正统性问题——再论法治与民主的关系》，《浙江学刊》2002 年第 5 期。

17. 季卫东：《中国：通过法治迈向民主》，《战略与管理》1998 年第 4 期。

18. 李景鹏：《如何实现法治的民主？》，《学习时报》第 126 期。

19. 李泽厚：《应是"绝对权力绝对导致腐败"》，《读书》2001 年第 6 期。
20. 梁启超：《组织能力及法治精神》，载刘军宁编：《北大传统与近代中国》，北京：中国人事出版社 1998 年版。
21. 林广华：《论宪政与民主》，《法律科学》2001 年第 3 期。
22. 刘海涛：《政治文明的宪政要义——以宪政民主制度为例》，《江汉论坛》2005 年第 6 期。
23. 刘作翔：《跳出"周期率"，要靠民主，更要靠法治》，《中国法学》1995 年第 2 期。
24. 麻宝斌：《论民主的法治前提》，《吉林大学社会科学学报》2001 年第 5 期。
25. 潘维：《民主迷信与政体改革的方向》，http://news.163.com/editor/001106/001106_93389.html。
26. 潘维：《法治与未来中国政体》，《战略与管理》1999 年第 5 期。
27. 潘维：《民主迷信与咨询型法治政体》，《中国社会科学季刊》2000 年秋季号。
28. 任羽中、陈斌：《民主与法治：相辅而相成——与潘维先生商榷》，《战略与管理》2001 年第 2 期。
29. 邵建：《事出刘文典》，《书屋》2002 年第 8 期。
30. 宋俭：《宪政：更高形态的民主政治》，《江西社会科学》2004 年第 4 期。
31. 谭君久：《民主何以成功，何以失败？——关于 2010 年各国民主政治几个重要事件的比较观察》，载《比较政治学研究》2012 年版。
32. 唐士其、庄俊举：《关于政治现代化的对话》，《当代世界与社会》2003 年第 5 期。
33. 佟德志、牟硕：《缺失宪政的民主革命及其困境》，载《中西政治文化论丛》，天津：天津人民出版社 2003 年版。
34. 佟德志：《民主化与法治化的互动关系初探》，《理论导刊》2004

年第 7 期。

35. 佟德志：《民主失败与法治规制——西方宪政民主理论的结构逻辑简析》，《江汉论坛》2005 年第 5 期。
36. 童之伟：《论法治民主》，《法律科学》1998 年第 6 期。
37. 万俊人：《政治自由主义的现代建构》，载〔美〕约翰·罗尔斯：《政治自由主义》，万俊人译，南京：译林出版社 2000 年版。
38. 王惠岩：《论民主与法制》，《政治学研究》2000 年第 3 期。
39. 王人博：《宪政的中国语境》，《法学研究》2001 年第 2 期。
40. 王绍光：《警惕对"民主"的修饰》，《读书》2003 年第 4 期。
41. 夏勇：《中国宪法改革的几个基本理论问题》，《中国社会科学》2003 年第 2 期。
42. 严杰夫：《重返美国宪法制定现场》，《都市快报》2013 年 7 月 24 日。
43. 杨建平：《法治民主：后发国家的政治选择》，《战略与管理》2001 年第 6 期。
44. 杨永明：《民主主权：政治理论中主权概念之演变与主权理论新取向》，载《台大政治科学论丛》1996 年第 7 期。
45. 虞崇胜：《论政治文明的普遍性和特殊性》，《武汉大学学报》（社会科学版）2003 年第 5 期。
46. 张静：《读书笔记：潘维先生的政体设想》，《二十一世纪》2002 年 6 月号。
47. 赵春丽：《论和谐社会的政治制度根基——宪政民主》，《内蒙古农业大学学报》（社会科学版）2005 年第 4 期。
48. 张贤明、张喜红：《试论法治与民主的基本关系》，《吉林大学社会科学学报》2002 年第 5 期。
49. 周建华：《论社会主义初级阶段的宪政型民主》，《当代世界与社会主义》2004 年第 1 期。
50. 顾准：《顾准文集》，贵阳：贵州人民出版社 1994 年版。

后 记

有人说，民主是个好东西。接着，就有人说，民主是个不坏的东西；民主不是个坏东西；民主是个不好不坏的东西。有人辩证地指出，民主是好东西里的坏东西；民主是坏东西里的好东西。亦有人直接反对，民主不是个好东西。

我一直致力于民主研究，花了很大的工夫梳理西方的民主观念。令我吃惊的是，西方政治思想家，包括当代西方政治学家在内，几乎没有一个不批评民主的；就连最忠实的民主派罗伯特·达尔教授也曾经批评过民主。于是，我冒天下之大不韪，在博士论文中提出了"民主失败"的概念，让很多人不解。于我本人来讲，也一直有一个奇怪的问题，那就是，为什么民主有这么多缺陷，却仍然不断发展，甚至超出西方国家的范围，为发展中国家所接受？

我的博士学位论文就致力于研究民主与法治的关系，后来出版了《在民主与法治之间》，还陆续翻译和编译过《美国宪法的民主批判》《宪政与民主》等作品。我的一个结论是，纯粹的民主既无法实现权力的自我安顿，又无法实现对权利的有效保障。在西方，是强调限制权力、保障权利的法治体系为民主失败提供了解毒剂,保证了民主的健康发展。从这个意义上讲,民主之所以是个好东西,可能正因为法治是个好东西。

现代政治不断走向文明的一个标志是,"好"与"坏"不再是人们学术争论的重心,而是逐渐成为常识。人们不再纠结于民主还是专制;自由还是奴役不再是现代人生活的两难选择。然而,自由还是平等?民主还是法治?……人们很难抽象地对各种"好"之间进行排序。事实上,现代政治传递的选择与争论更为复杂,人们需要在各种"好"之间根据时间、地点做出选择。当然,这是文明与进步的结果。就本书涉及的内容来看,说法治是个好东西,只是表明了一种态度;如果真的要在民主、法治、自由、平等、繁荣、富强等各种价值之间做一个选择,情况会是极为复杂的。

摆在读者面前的这本小册子,是我多年来对民主与法治问题的一些思考,有很多内容已经以论文等形式发表过,这次重新整理,亦有收获。这中间,得到了很多人的帮助。在他们当中,有赞同我的,也有批评我的;有我的同窗,也有我的挚友,更有我的师长。尤其是我的授业恩师徐大同,不但一直关心我的学业,而且还关心我的成长,没齿难忘。在本书的出版之际,又得到导师王浦劬先生的赞许和指点,更是让本书增色。北京大学国际关系学院的唐士其先生欣然答应推荐本书,亦是让我受宠若惊。贤惠的妻子一直默默付出,可爱的女儿也慢慢长大,感谢她们的陪伴,让我枯燥的学术研究平添很多乐趣。

后记

本书是国家社科基金重点项目"恩格斯理论与当代中国民主政治发展研究"的初期成果,同时得到了天津市"131"创新人才培养工程第一层次人选以及天津市高校"中青年骨干创新人才培养计划"的支持,在此致谢!北大出版社的耿协峰先生大力支持本书出版,老朋友胡利国先生又出任责任编辑,多有受益,一并致谢!

谨以此小书自勉,更愿意与那些热爱民主,追求法治的同仁共勉!

佟德志

乙未岁首于天津